변동성 곡면의 스큐에 관해

금융공학의 변동성 입문

변동성 곡면의 스큐에 관해

금융공학의
변동성 입문

추정호 지음

i!i
에이콘

지은이 소개

추 정 호 (jhchu@hotmail.com)

KAIST에서 수학 및 기계공학을 공부하고 이론 유체역학으로 박사 학위를 받았다. 증권사에서 퀀트로서 금융공학 분야의 일을 하고 있으며, 클라우드 컴퓨터를 금융권에 도입했고 세계 인명사전에 등재됐다. 현실 세계를 수학으로 모델링한 후에 컴퓨터로 시뮬레이션하는 것을 좋아한다. 양자 컴퓨터, 인공지능, 음악 수학, 게임 이론에 관심이 많다. 삭막한 정서로 피아노를 연습하고 굳은 몸으로 단전호흡을 하고 있다.

지은이의 말

나는 15년 넘게 퀀트로서 증권사에서 일했다. 요즘은 인공지능이 대세이지만 15년 전에는 전 세계적으로 금융공학이 붐이었다. 그러다 금융위기를 겪으면서 금융공학에 대한 분위기가 바뀌었고 2016년 구글의 알파고 이후로는 금융공학을 인공지능 투자로 생각하게 됐다.

일반적으로 퀀트를 세 가지로 분류한다. 1세대는 파생상품을 평가하는 전통적인 퀀트로서 파생 퀀트라고 한다. 2세대는 주로 헤지 펀드에서 투자 전략을 컴퓨터에 구현해 자동 매매를 하는 전략 퀀트다. 핀테크와 인공지능과 관련된 AI 퀀트를 3세대 퀀트라고 한다.

이 책은 파생 퀀트를 대상으로 한다. 어느 분야에서나 바이블이라 불리는 책이 한 권 있듯이 금융공학 분야에서는 헐 책이라고 하는 Hull(2011)이 바이블이다. 이 책을 읽고 수학적으로 더 접근하고 싶으면 Shreve(2004)를 공부하고 컴퓨터에 직접 계산기를 구현하고 싶으면 Duffy(2004)를 많이 참고한다. 그 후에 금리파생과 신용파생에 대해 공부하는 것이 금융공학의 전형적인 코스다.

학교에서 공부하고 증권사에 입사한 신입 퀀트들이 현업에서 고생하는 개념이 운용 손익 분석과 변동성 곡면이다. 위에서 언급한 책에서는 이런 것을 자세하게 언급하지 않는다. 아카데미와 관점이 다르기 때문이다. 변동성 곡면에 관련된 참고 도서로서 Rebonato(2004)와 Fengler(2005)가 있다. Rebonato(2004)는 자세하지만 중요하지 않은 결과를 많이 포함하고 있어서 양이 너무 방대하고, Fengler(2005)는 수학적으로 너무 간결하게 요약 정리해서 의미를 파악하기가 어렵다. 흔히 Derman의 골드만삭스 보고서와 강의 노트를 읽고 다른 논문을 참고한다.[1]

신입 퀀트들이 힘들어 하는 또 하나는 ELS에 관한 것이다. 한국의 파생시장은 한국형 ELS인 스텝다운의 비중이 기형적으로 크다. 그래서 대부분의 파생 퀀트가 ELS와 관련된 일을 하고 있지만, 여기에 대한 참고도서가 전무한 상황이다.

이 책은 저자가 (전신인 동양증권을 포함해) 유안타증권 OTC 운용 팀에서 일을 하면서, 팀원들의 질문에 답변하다가 그중에 중요하다고 생각했던 부분을 정리한 것이다. 5.3장부터는 개별적으로 작성한 보고서라 독립적으로 읽어도 무방하다. 그러다 보니 내용이 반복해서 언급되는 것도 있다. 자주 반복되는 내용은 중요한 개념이라고 생각해 주면 좋겠다. 그리고 앞에서 언급한 신입 퀀트들이 처음에 힘들어 하는 개념에 대해 나름대로 추가 설명을 전반부에 덧붙였다. 가장 중점을 둔 부분은 운용 손익 분석이다. 이를 바탕으로 변동성 곡면에 대해 나름대로 설명했다. 옵션 복제 이론의 한계와 헤지에 사용하는 변동성을 어떻게 결정할 것인가에 대해서도 언급했다.

마지막으로 ELS에 관한 분석을 넣었다. ELS는 수익 구조가 너무 복잡해서 대부분의 경우 해석적 분석을 포기하고 수치 시뮬레이션을 이용한다. 이런 태도는 컴퓨터에 너무 의존해 ELS에 대한 이해와 감각을 키우기 어렵다. 이 책에서 ELS에 대한 이론적인 분석 몇 가지를 소개했다. 이를 바탕으로 ELS에 대한 보다 깊은 직관을 가질 수 있기를 바란다.

---

1. 원고를 정리하면서 Derman(2016)을 새로 알게 됐다. Derman이 설명하는 스타일을 고려하면 많은 사람에게 도움되는 좋은 교재가 될 거라 생각한다.

가장 복잡하면서 어려운 부분은 변동성 곡면을 사용하는 ELS에 대한 이해다. 책에서 ELS에 대해 설명하고 있지만, 아직 많이 부족한 것이 사실이다. 본인 또한 여기에 대한 추가적인 연구를 계속 진행하고 있으며 좋은 결과가 나오면 향후에 다른 기회로 소개하겠다.

이 책은 학교에서 금융 수학 또는 금융 공학에 관한 강의를 수강했거나 아니면 Hull(2011) 또는 Shreve(2004)를 한 번 정도는 읽은 독자를 대상으로 한다. 대부분의 내용을 수식으로 표현하고 의미를 해석하고 설명하려고 노력했다. 간결하면서 명쾌하지만 추상적인 수식과 장황하지만 직관적으로 이해할 수 있는 설명을 잘 연결하는 것이 중요하다.

정의, 보조정리, 정리, 증명, 따름정리의 형식을 갖는 엄밀한 추상 수학은 나름의 아름다움을 가지지만, 처음 접하는 사람에게는 컴퓨터 소스 코드 같은 느낌을 준다. 소스 코드 또한 설명서가 필요하듯이 이 책이 보다 더 고급 금융 수학 교재를 읽기 위한 길잡이가 되기를 바란다.

오랫동안 같이 있으면서 끊임없이 질문을 했던 유안타증권 OTC 운용팀 관련 직원들에게 감사하며, 흔쾌히 출판을 맡아 주신 에이콘출판사의 권성준 사장님께 감사드린다.

차 례

1장

들어가며

1.1 변동성이란

변동성^{volatility}(變動性)을 표준 국어 대사전에서 찾아보면 바뀌어 달라지는 성질이라고 설명하고 있다. 콜린스 코빌드$^{Collins\ Cobuild}$ 영영 사전에서는 다음과 같이 설명한다.

> A situation that is **volatile** is likely to change suddenly and unexpectedly. (변동이 심한 상황은 기대치 않게 갑자기 바뀌기 쉽다.)

금융에서 사용하는 변동성은 네이버 지식 백과에 있는 아래의 설명이 보다 더 적절해 보인다.

> 주가의 상승이나 하락의 변동폭. 기초자산의 가격이 얼마나 빨리 움직이는가 하는 시장의 변화 속도를 나타내는 값으로 시장이 느리게 움

직이면 변동성이 낮은 시장, 시장이 빠르게 움직이면 변동성이 높은
시장이라고 부른다.

종합하면 변동성이 크면 주가가 많이 움직이고, 변동성이 작으면 주가가
적게 움직인다고 생각하면 되겠다. 그런데 이러한 단순한 생각은 조금 부
족한 면이 있다. 다음의 주가 시계열 3개를 생각해 보자.

시계열 1:	100,	90,	100,	90,	100,	90,	⋯
시계열 2:	100,	99	100	99	100	99	⋯
시계열 3:	10,	9,	10,	9,	10,	9,	⋯

주가 시계열 1에서 변화량은 10이고 주가 시계열 2에서 주가 변화량
은 1이므로 주가 시계열 1의 변동성이 주가 시계열 2의 변동성보다 크다
고 할 수 있다. 그러나 주가 시계열 3의 변화량은 1이지만, 주가 시계열 1
의 변화량보다 적거나 또는 주가 시계열 2의 변화량과 같다고 할 수 없다.
초기의 주가를 1로 정규화^{normalization}하면 변화량은 주가 시계열 1과 주가
시계열 3은 10%이고 주가 시계열 2는 1%가 되기 때문이다.

위의 보기에서 알 수 있듯이 가격의 단순 차이를 이용해 변화량을 계
산하면 주가 수준에 따른 왜곡이 생긴다. 위와 같이 초기 주가를 이용해
주가 시계열을 나눠서 정규화를 하는 것도 하나의 해결책이다. 그러나 이
런 방법은 주가 시계열의 시작을 어디서부터 하는지에 따라서 값의 변화가
있기 때문에 보다 일반적으로 수익률을 이용하는 것이 편리하다.

1.2 수익률

주가의 시계열 $\{S_i\}_{i=0}^n$이 주어지면 일상에서 많이 사용하는 수익률^{return} 또는 단순 수익률$^{\text{simple return}}$ R_i는 다음으로 정의한다.

$$R_i = \frac{S_i - S_{i-1}}{S_{i-1}} \tag{1.1}$$

단위가 없는 무차원 수이며 일상에서는 S_{i-1}을 전날 종가를 사용해 다음 과 같은 표현을 많이 사용한다.

> **KOSPI는 1% 상승했다.**
> **삼성전자는 0.5% 하락했다.**

단순 수익률은 계산이 간단해 널리 사용되고 있으나, 다음 수익률 시계열 의 경우에는 헷갈릴 수 있다.

$$10\%, \quad -10\%, \quad 10\%, \quad -10\%, \quad 10\%, \quad -10\% \tag{1.2}$$

초기의 주가를 100이라고 가정하면 단순 수익률을 더해 마지막 주가를 100으로 생각하기 쉽다. 하지만 실제의 주가 시계열은 다음과 같다.

$$110, \quad 99, \quad 108.9, \quad 98.01, \quad 107.81, \quad 97.03 \tag{1.3}$$

같은 10%로 변하지만 주가가 큰 경우의 10% 하락과 주가가 작은 경우의 10% 상승의 값이 조금씩 다르기 때문에 누적하면 오차가 발생한다. 이를 복리의 효과라고 표현하는 사람도 있다. 근본적으로는 단순 수익률의 산술 덧셈이 아래와 같이 간단하게 표현되지 않기 때문이다.

$$\sum_{i=1}^n R_i = \sum_{i=1}^n \frac{S_i - S_{i-1}}{S_{i-1}} \neq \frac{S_n - S_0}{S_0} \tag{1.4}$$

금융공학에서는 이런 불편을 없애고자 로그 수익률^{log return}을 사용한다.

$$\log(S_i/S_{i-1}) \tag{1.5}$$

로그 함수의 테일러 급수 전개를 이용하면 다음을 얻는다.

$$\log(S_i/S_{i-1}) = \log(1 + R_i) \approx R_i - \frac{1}{2}R_i^2 \tag{1.6}$$

일반적으로 $R_i \ll 1$이므로 단순 수익률과 로그 수익률은 근사적으로 같은 값을 가진다. 하지만 로그 수익률은 다음의 성질을 가진다.

$$\sum_{i=1}^{n} \log(S_i/S_{i-1}) = \log(S_n/S_0) \tag{1.7}$$

즉 로그 수익률의 합은 시간 구간의 로그 수익률이 된다.

(1.2)에 나타난 수익률을 단순 수익률이 아닌 로그 수익률로 해석하면 (1.3)의 시계열이 아닌 다음 시계열을 얻는다.

$$110.517, \quad 100, \quad 110.517, \quad 100, \quad 110.517, \quad 100 \tag{1.8}$$

위의 보기에서 로그 수익률의 단순 덧셈은 원하는 결과를 얻는 것을 볼 수 있다.

식 (1.6)을 식 (1.7)에 대입하면 단순 수익률의 덧셈에 관한 공식을 얻을 수 있다.

$$\sum_{i=1}^{n} R_i \approx \log(S_n/S_0) + \frac{n}{2}(m^2 + \Sigma^2) \tag{1.9}$$

여기에서 $m = \mathbb{E}(R_i)$은 단순 수익률의 평균이고, $\Sigma = \mathsf{Stdev}(R_n)$는 단순 수익률의 표준편차다. 단순 수익률로 시계열 (1.2)를 해석하면 $\sum_{i=1}^{N} R_i = 0$이고 $m = 0$이 된다. 그러므로 $S_0 = 100$, $\Sigma = 0.109$, $n = 6$을 이용하

면 다음을 얻는다.

$$S_n \approx S_0 \exp(-n\Sigma^2/2)$$
$$= 96.5$$

(1.10)

참값 97.03과 오차가 조금 있지만 복리의 효과를 정성적으로 쉽게 알 수
있다.

수익률을 이용해 변동성을 수학적으로 엄밀하게 정의하고 계산하는 방
법은 뒤에서 소개한다. 우선 평가를 알아본다.

2장

금융상품 평가

사물이 갖는 가치^{value}와 이것이 시장에서 거래되는 가격^{price}에는 일반적으로 차이가 있다.[1] 평가 또한 가격 평가^{pricing}와 가치 평가^{valuation}로 나뉜다. 기업 인수나 합병을 위해 기업을 평가하는 것과 현재 주가에 대한 적정성을 평가하는 것은 가치 평가다. 요즘 유행하는 암호 화폐의 내재 가치나 비용에 대한 평가 또한 가치 평가에 해당한다. 그러나 금융공학에서는 퀀트가 하는 평가는 가격 평가를 의미한다. 상장돼 거래소에서 활발하게 거래되는 주식은 시장에서 거래되는 시장가가 있기 때문에 따로 평가할 필요가 없다.[2] 가격 평가에서는 시가 평가$^{mark\ to\ market}$라고 하는 시장 가격을 이용하는 평가를 가장 우선시한다.

---

1. 가치와 가격을 혼용해서 사용하는 경우가 많다. 다음에서 언급하는 공정가도 마찬가지다.

2. 가격 발견 기능을 하는 또 다른 것으로 경매가 있다.

2.1 공정가

회계학에서 언급하는 공정가 또는 공정 가치[fair value]는 다음과 같다.[3]

> 합리적인 판단력과 거래 의사가 있는 독립된 당사자 간에 거래될
> 수 있는 교환가격. 시장 거래 가격이 있는 경우 시장 가격, 시장 가
> 격이 없는 경우에는 국제금융회사, 정보 통신사, 외부평가 기관, 중
> 개 기관 등에서 얻은 가격이나 가격 결정 모형을 사용해 합리적으로
> 추정한 가격.

결론적으로 회계에서는 시장 가격이 없는 경우 가격 결정 모형에서 나온
가격을 공정가로 사용한다. 그러나 합리적인 가격 결정 모형을 개발해야
하는 금융 공학의 입장에서는 합리적이라는 단어에 대해 고민해야 한다.

  우선 시장가가 있는 상품에 대해서는 가격 결정 모형이 만드는 가격이
시장가와 일치해야 한다. 그렇지 않으면 시장가를 사용해야 하고, 모형에
대한 불신이 생긴다. 시장가가 없는 경우 가격에 대한 일상적인 직관과
일치해야 한다. 다음의 가상 상품을 생각한다.

> 동전을 던져서 앞면이 나오면 10만 원을 받고, 뒷면이 나오면 0원
> 을 받는다.

이 상품을 보유한 사람은 동전을 던졌을 때 손실이 발생하지 않는다. 바
꾸어 말하면 상품의 발행자는 항상 손실이 난다. 이러한 상품을 공짜로
발행하려는 사람은 아무도 없을 것이다. 확률론 시간에서 배운 평균의 개
념을 이용해 보자. 상품의 가격이 5만 원이면, 투자자도 발행자도 모두
공정[fair]하게 기댓값이 0이 된다. 그러므로 이 상품의 가격을 5만 원으로
평가하는 것이 합리적이다.

───────────────

3. 공정 가격이 맞는 표현인데 이런 용어는 잘 사용하지 않는다.

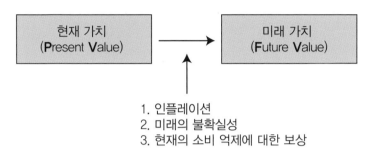

그림 2.1 화폐의 시간 가치

실제 금융 상품은 이보다 더 복잡하기 때문에 확률론에서 개발된 확률 미적분학을 이용한다. 구체적인 모형은 3장부터 설명을 하고, 여기에서는 평가에 필요한 기초 지식과 금융 상품의 소개를 계속한다.

2.2 시간 가치

화폐는 시간에 따라서 가치가 달라진다. 현재 갖고 있는 현금 만 원과 10년 후의 현금 만 원에 대한 가치는 직관적으로 다르다. 당연히 현재 가치가 더 높게 느껴진다. 이것은 인플레이션, 미래에 대한 불확실성 그리고 현재 소비 억제에 대한 보상 등의 논리로 설명하는 것이 일반적이다.[4]

이론적으로 길게 이야기했지만, 실제로는 현금을 화폐로 보유하지 않고 은행에 예금을 들어 두면 이자가 발생한다는 것이다. 이자는 은행에서 지급하는 방식에 따라서 단리$^{simple\ interest}$와 복리$^{compound\ interest}$로 구분할 수 있다. 이자율이 r이고 예금 기간이 n년인 경우에 단리로 계산되는 미래 가치는 다음이다.

$$FV = PV\,(1 + rn) \tag{2.1}$$

---

4. 요즘은 제로 금리 또는 마이너스 금리 시대여서 이런 설명이 좀 맞지 않는 느낌이 든다.

1년간의 이자 지급 횟수가 m인 경우 복리로 계산되는 미래 가치는 다음이다.

$$FV = PV \left(1 + \frac{r}{m}\right)^{nm} \tag{2.2}$$

복리의 경우에는 발생한 이자가 다시 재투자돼 또 이자를 발생시키는 것을 모두 고려한 것이다.

복리의 효과를 나타내는 대표적인 것으로 72의 법칙이 있다. 예를 들면 4% 단리 이자의 예금에 가입하면 100/4=25년 후에 원금이 두 배가 된다. 단리가 아닌 복리의 예금인 경우에는 72/4=18년 후에 원금이 두 배가 되는 것이 72의 법칙이다. 복리의 효과로 100이 72가 된다. 정확한 값은 아니지만 근사적으로 빠르게 계산할 수 있는 것이 장점이다.

식 (2.2)는 이자 지급 횟수인 m에 의존한다. 이러한 불편을 없애려고 금융공학에서는 $m \to \infty$인 가상의 복리인 연속복리$^{\text{continuous compond}}$를 사용한다.

$$FV = PV \exp(rn) \tag{2.3}$$

$rn \ll 1$인 경우에 복리와 연속복리 식을 테일러 급수 전개하면 복리의 효과를 간단하게 볼 수 있다.

$$
\begin{aligned}
\left(1 + \frac{r}{m}\right)^{nm} &\approx 1 + rn + \frac{(rn)^2}{2}\left(1 - \frac{1}{nm}\right) \\
\exp(rn) &\approx 1 + rn + \frac{(rn)^2}{2}
\end{aligned}
\tag{2.4}
$$

일반적으로 이자를 계산할 때 시간의 단위는 연^{year}을 사용하고, 금리는 per annum으로 1년간의 이자를 의미한다. 그러므로 금리의 단위는 1/Year임에 주의한다.

이자 지급 방식에 관계없이 화폐의 시간 가치에서 화폐의 미래 가치를

- 국고채
- 지방채
- 특수채
- 금융채
- 은행채
- 회사채

- 이표채
- 할인채
- 단리채
- 복리채
- 복5단2
- 변동금리

그림 2.2 채권의 종류. 왼쪽 열은 신용도에 따른 분류이고, 오른쪽 열은 이자 지급 방식에 따른 분류다.

현재 가치로 환산하는 것을 할인[discount]이라 하고, 반대로 현재 가치를 미래 가치로 환산하는 것을 할증[premium]이라 한다.[5]

2.3 채권 평가

채권[bond]은 주식과 함께 대표적인 유가 증권[securities]이다. 채권에 투자하는 것은 돈을 빌려주는 것이다. 그림 2.2에 여러 가지 채권의 종류를 나열했다. 그림의 왼쪽 열은 신용도에 따른 채권의 분류이며 오른쪽 열은 이자 지급 방식에 관한 분류다. 대표적인 이표채[coupon bond]의 경우 정기적으로 이자[coupon]을 받고 만기에 원금을 받는다. 이자는 채권의 종류에 따라서 1년에 두 번 또는 네 번을 지급하는 것이 일반적이지만, 여기서는 논의의 편의를 위해 1년에 한 번 지급하는 것으로 가정한다. 또 다른 이자 지급 방식으로 할인채[discount bond] 또는 무이표채[zero coupon bond]가 있다. 이것은 이자를 지급하지 않고 만기에 원금만 지급하며 초기 투자 시에 할인을 한 금액으로 채권을 매수해 이자를 누린다.

신용 위험이 없고 1년에 한 번 이자 c를 지급하는 만기가 n년인 원금

5. 금리가 양수인 것을 가정하는 용어다. 금리가 음수가 되면 혼돈스러워진다.

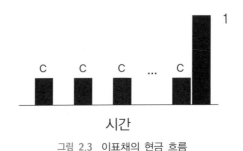

그림 2.3 이표채의 현금 흐름

1의 국고채를 생각한다. 미래의 현금 흐름이 정해져 있기 때문에 미래의 현금 흐름을 모두 할인해 현재가로 변환해 합산하면 채권의 가격을 얻는 다.[6]

$$p = \frac{c}{(1+y)} + \frac{c}{(1+y)^2} + \cdots + \frac{c}{(1+y)^n} + \frac{1}{(1+y)^n} \qquad (2.5)$$

여기에서 y를 만기 수익률[YTM, Yield To Maturity]이라고 한다.[7] y가 증가함에 따라서 p는 단조 감소해 채권 가격 p와 YTM y가 일대일 대응을 하는 것에 주의해야 한다.

저자가 처음 금융에 입문했을 때 식 (2.5)를 보고 채권 가격 p를 완전히 결정하려면 YTM y를 결정하는 다른 공식이 필요하다고 생각했다. 그러나 그런 공식은 없었다. 실제로 채권은 시장에서 거래되고 가격과 YTM은 일대일로 대응하기에 가격에서 역산을 해 YTM을 계산한다. 주식 시장은 한국 거래소에서 거래돼서 일반인도 증권사의 HTS를 통해 거래하고 가격을 볼 수 있지만, 채권은 기관이 주로 장외[OTC]에서 거래하기에 채권

---

6. 이런 방법을 현금 흐름 할인법[DCF, Discounted Cash Flow]이라고 하며, 유가 증권 평가의 핵심이다.

7. 시간이 지남에 따라서 가장 가까운 이자 지급일이 1년이 되지 못하는 경우는 공식을 변형해야 한다. 이런 경우에는 가장 가까운 이자 지급일로 복리로 할인한 후에 다시 단리로 평가일까지 할인한다.

평가사가 이를 관찰해 매일 YTM을 발표한다.[8] 식 (2.5)는 채권 가격과 YTM의 관계를 나타내는 식에 불과한 것이다. 만기가 다르고 이자가 서로 다른 채권을 가격만을 보고 비교할 수 없기 때문에 YTM을 이용하면 나름 쉽게 비교할 수 있다. YTM은 이자가 같은 금리로 재투자하면서 만기까지 보유한다고 가정하면 누릴 수 있는 수익률을 나타낸다.

등비수열의 합의 공식을 이용하면 식 (2.5)가 다음으로 정리된다.

$$p = \frac{c}{y}\left(1 - \frac{1}{(1+y)^n}\right) + \frac{1}{(1+y)^n} \tag{2.6}$$

이로부터 신규 채권을 발행 시에 같은 신용도를 갖는 시장의 YTM과 이자를 같게 하면 발행 시점에 채권의 가격은 액면 금액이 된다. 이를 액면 발행이라고 한다.

채권 운용자는 식 (2.5)를 직접 이용해 평가뿐만 아니라 금리 변화에 따른 현재 포지션의 민감도 등을 산출해 채권 운용을 결정한다. 여기에서는 구체적인 값을 구하는 것보다 $yn \ll 1$인 경우에 근사값을 구해 가격과 민감도의 정성적인 거동만을 살펴본다.

$$p \approx c(1-y) + c(1-2y) + \cdots c(1-ny) + \left(1 - ny + \frac{n(n+1)}{2}y^2\right)$$
$$= 1 + n(c-y) - \frac{n(n+1)}{2}y(c-y) \tag{2.7}$$

식 (2.5)의 마지막 항인 원금의 할인은 2차 항까지 근사한 것에 주의해야 하고, $y = c$인 경우에 원금 1이 되는 것을 확인할 수 있다. 식 (2.7)의 첫 번째 항은 원금을, 두 번째 항은 이자를 할인한 현재가를, 세 번째 항은 이자의 이자를 할인한 현재가를 나타낸다.

---

8. 현재 한국에는 5개의 채권평가 회사가 있다.

금리에 대한 민감도인 듀레이션^{duration}과 컨벡시티^{convexity}는 식 (2.7)에
서 다음으로 근사할 수 있다.

$$\frac{\partial p}{\partial y} \approx -n - \frac{n(n+1)}{2}(c - 2y) \tag{2.8}$$

$$\frac{\partial^2 p}{\partial y^2} \approx n(n+1) \tag{2.9}$$

우선 듀레이션은 음수여서 금리가 상승하면 채권 가격은 하락하고, 금리
가 하락하면 채권 가격은 상승한다. 금리와 채권 가격은 반대의 움직임을
보인다. 두 번 미분 항인 컨벡서티는 양수여서 금리에 대한 채권 가격의
그래프는 밑으로 볼록한 개형을 보인다. 듀레이션과 컨벡서티 모두 만기
가 긴 채권일수록 영향은 커지는 것을 알 수 있다.

2.4 할인율

앞에서 살펴본 YTM y는 이표채를 평가하는 식 (2.5)에서 사용하는 금리
다. 고정된 이자 형태가 아닌 일반 현금 흐름을 고려한다.

할인율$^{discount\ factor}$ DF_T를 T 시점의 미래 가치 1의 현재 가치로 정의
한다. 현금 흐름 포트폴리오의 현재 가격은 현금 흐름 각각의 현재 가격의
합과 일치하므로 DF을 이용해 채권 가격을 구할 수 있다.

$$p = c\,DF_1 + c\,DF_2 + \cdots + (c+1)\,DF_n \tag{2.10}$$

만기가 T이고 액면 금액이 1인 무이표채의 가격을 ZCB(T)라 두면
현금 흐름이 T시점에만 발생하고 중간에 이자 지급이 없으므로 다음을
얻는다.

$$ZCB(T) = DF_T \tag{2.11}$$

결국 할인율과 무이표채의 가격은 동일하다. 시장에 무이표채가 원활하게

거래가 된다면 이를 이용해 할인율을 결정할 수 있다. 하지만 시장에서는
이표채만 활발하게 거래되고 무이표채는 (한국에서는) 드물다. 그래서 이
표채의 가격에서 할인율을 결정하는 방법을 고려해야 한다.

만기 $1, 2, \cdots, n$년을 갖는 이표채의 YTM을 $y_1, y_2, \cdots, y_n$이라 가정
한다. 그리고 시장의 YTM을 이자로 하는 채권의 현재가가 액면이 되는
것을 다시 한번 주의한다. 우선 만기가 1년 미만인 경우는 만기까지 추가
이자 지급일이 없기 때문에 무이표채와 동일하다. 그러므로 시장 YTM을
이자로 갖는 채권의 가격은 액면 금액이라는 사실에서 다음을 얻는다.

$$1 = (y_1 + 1)\,\mathsf{DF}_1 \tag{2.12}$$

이로부터 DF_1을 결정한다. 이제 수학적 귀납법을 사용하고자 DF_k까지
결정됐다고 가정한다. $k + 1$년을 만기로 갖고 y_{k+1}의 이자를 지급하는
이표채를 생각한다. 이 채권의 현재가는 액면인 1이고, 미래 현금 흐름을
할인한 것과 일치한다.

$$1 = y_{k+1}\,\mathsf{DF}_1 + \cdots + y_{k+1}\,\mathsf{DF}_k + (1 + y_{k+1})\,\mathsf{DF}_{k+1} \tag{2.13}$$

가정에서 DF_k까지는 결정됐기에 식 (2.13)에서 유일한 미지수는 DF_{k+1}
이며 쉽게 결정할 수 있다. 이 같은 방법으로 원하는 구간까지 할인율을
결정하고, 격자점으로 사용하지 않은 만기에 대한 할인율은 내삽^{interpolation}
을 이용해 결정한다. 이러한 방법을 부트스트랩^{bootstrapping}이라고 하며 비
슷한 아이디어가 금융에서 많이 사용된다.[9] 채권의 시장가를 보다 많이

---

9. 컴퓨터나 스마트폰의 전원이 켜지면 하드디스크에 있는 OS의 이미지가 메모리로 올
라온다. 이 과정은 한 번에 이뤄지는 것이 아니라 부팅^{booting}이라고 하는 여러 단계로
나뉘어 있다. 부트스트랩과 부팅은 둘 다 구두끈에서 나온 말이다. 구두끈을 매거나 풀
때에 순서대로 하나씩 차례대로 하는 것처럼 부트스트랩이나 부팅도 하나씩 차례대로
한다는 의미다.

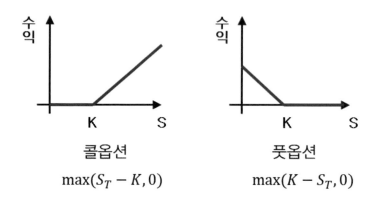

그림 2.4 콜옵션과 풋옵션의 만기 수익 구조

관찰할 수 있는 채권 평가사에서는 이런 단순한 부트스트랩을 사용하지 않고 최적화 방법을 이용해 할인율을 결정하는 것이 일반적이다.

만기에 따른 DF(T)가 결정되면 다음 식으로 금리를 결정할 수 있다.

$$\text{DF}(T) = \exp(-rT) \tag{2.14}$$

이렇게 결정한 금리를 제로 금리[zero curve] 또는 현물 금리[spot curve]라고 한다. 만기가 길어질수록 YTM의 값이 커지는 우상향 금리 기간 구조에서는 제로 금리의 값이 YTM의 값보다 크다.

정리하면, 시장에서 관찰할 수 있는 이표채의 YTM에서 제로 금리를 추출하면 임의의 현금 흐름을 제로 금리를 사용해 현재 가치로 할인할 수 있다.

2.5 옵션

옵션^{option}은 미리 정한 주식^{기초자산,} S을 특정 일자^{만기일,} T에 미리 정한 가격
^{행사가,} K으로 살 수 있거나 팔 수 있는 권리다.

콜옵션$^{call\ option}$은 살 수 있는 권리다. 만기 시점에 기초자산의 시장가
를 S_T라고 한다. $S_T > K$인 경우에 옵션을 행사하면 주식 1주를 K의
가격을 매수할 수 있고 이를 시장에 팔면 S_T를 얻는다. 결국 $S_T - K$의
수익을 얻는다. $S_T < K$인 경우에는 시장에서 보다 싼 가격으로 주식을
매수할 수 있으므로 손해보면서 옵션을 행사하지 않는다. 최종적으로 콜
옵션을 갖고 있는 투자자는 만기 시점에 다음의 수익 구조^{payoff}를 가진다.

$$\max(S_T - K, 0) = (S_T - K)^+ \tag{2.15}$$

풋옵션$^{put\ option}$은 팔 수 있는 권리를 가진 것이다. 만기 시점에 $S_T <$
K이면 시장에서 K의 가격으로 주식 1주를 매수한 후에 옵션을 행사해
K의 가격으로 주식을 매도할 수 있다. 이 경우에 투자자는 $K - S_T$의
이익을 얻는다. 만기 시점에 $S_T > K$이면 시장에서 보다 더 비싼 가격으
로 주식을 매도할 수 있기에 옵션을 행사하지 않는다. 풋옵션의 투자자는
최종적으로 다음의 수익 구조를 가진다.

$$\max(K - S_T, 0) = (K - S_T)^+ \tag{2.16}$$

그림 2.4는 콜옵션과 풋옵션의 수익 구조를 보여 준다. 콜옵션과 풋옵
션은 시장에서 활발하게 거래되고 수익 구조가 간단해 다른 이색 옵션^{exotic}
^{option}과 구분해 바닐라 옵션$^{vanilla\ option}$이라고 한다.

바닐라 옵션의 만기 수익 구조는 항상 0보다 크다. 즉 보유자는 만기
에 손실이 나지 않는다. 그러면 반대 포지션에 있는 발행자는 만기에 수
익은 없고 손실이 발생할 가능성만 있다. 이런 상황을 만회하려면 옵션을

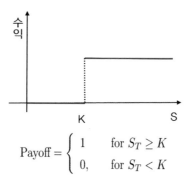

$$\text{Payoff} = \begin{cases} 1 & \text{for } S_T \geq K \\ 0, & \text{for } S_T < K \end{cases}$$

그림 2.5 디지털 옵션의 만기 수익 구조

발행할 때 발행자가 현금^{프리미엄}을 받고 발행해야 한다. 프리미엄은 0보다 큰 양수가 되는 것을 알 수 있다.

옵션의 가격을 f라 두면 f를 결정하는 것이 금융공학의 주요 내용이다. 앞에서 봤듯이 유가 증권은 미래 현금 흐름을 할인한 것이 오늘의 가격이 된다. 그런데 옵션의 경우 미래의 값인 만기 시의 주가를 현재 시점에서 미리 알 수 없기에 현금 흐름이 확정되지 않는다. 불확실한 미래에 대해 확률을 도입하면 바닐라 옵션의 현재가 f_0는 만기 수익 구조 f_T의 평균값의 할인이라는 것에 자연스럽게 합의할 수 있다.

$$f_0 = e^{-rT} \, \mathbb{E}(f_T) \tag{2.17}$$

여기에서 r은 식 (2.14)에서 결정한 제로 금리다. 식 (2.17)을 이용해 구체적인 계산을 수행하려면 S_T에 대한 확률 분포를 결정해 한다. 이는 3장에서 논의한다.

바닐라 옵션을 제외한 나머지 모든 옵션은 이색 옵션으로 분류된다. 장외^{OTC}에서 거래되기 때문에 투자자와 발행자의 니즈가 맞으면 어떤 종류의 옵션이든 거래 가능하다. 그러므로 이색 옵션은 모두 나열할 수 없을 정도로 종류가 많다. 여기서는 한국에서 유행하고 ELS 분석에 도움이 되는 이색 옵션만 간단하게 소개한다. 중요한 이색 옵션에 관한 자세한 설명은 Weert(2008)에 있다.

그림 2.5는 디지털^{digital} 옵션이다. 만기에 주가가 행사가 이상이면 1의 현금을 받고 그렇지 않으면 소멸되는 옵션이다. 현금 또는 소멸 옵션$^{cash\ or\ nothing\ option}$이라고도 한다.

특성 함수$^{characteristic\ function}$를 $\mathbb{1}_A$로 표기하면 정의에서 $x \in A$이면 $\mathbb{1}_A(x) = 1$이고 그렇지 않은 경우는 $\mathbb{1}_A(x) = 0$이 된다. 다음의 관계식이 성립한다.[10]

$$\mathbb{1}_{S_T > K} = -\frac{\partial}{\partial K}(S_T - K)^+ \tag{2.18}$$

이로써 디지털 옵션의 만기 수익 구조는 콜옵션의 미분으로 표현되는 것을 알 수 있다.

그림 2.6은 장벽 옵션$^{barrier\ option}$의 한 종류다. 장벽 옵션은 주가가 특정 수준을 지나면 옵션의 새로 생성되거나 또는 사라지는 것을 의미한다. 그림 2.6은 업 앤 아웃 콜옵션$^{up\ and\ out\ call\ option}$의 만기 수익 구조다. 장벽의 수준은 H이며 주가가 H보다 작은 경우에는 행사가 K를 갖는 콜옵션이지만, 주가가 H를 넘어서는 순간 콜옵션은 소멸한다. 그러므로 만기 수익 구조에서 발행일부터 만기까지 주가의 최대값 S_{max}가 H보다 큰지 그렇지 않은지가 중요하다.

옵션 만기 시까지 주가가 특정 값 H 이상으로 상승하지 않을 것이라

---

10. 함수 $(S_T - K)^+$는 고등학교에서 배운 미적분학에서는 $S_T = K$에서 첨점을 갖기 때문에 미분이 불가능한 함수다. 여기에서 사용한 미분의 의미는 일반화된 함수$^{generalized\ function}$에서 약도함수$^{weak\ derivative}$다. 다음의 두 공식이 유용하다.

$$\frac{d}{dx}\max(x, 0) = \mathbb{1}_{x>0}, \qquad \frac{d}{dx}\mathbb{1}_{x>0} = \delta(x)$$

여기에서 $\delta(x)$는 디랙의 델타 함수$^{delta\ function}$를 의미한다.

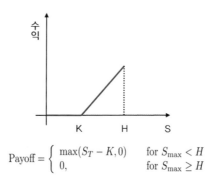

$$\text{Payoff} = \begin{cases} \max(S_T - K, 0) & \text{for } S_{\max} < H \\ 0, & \text{for } S_{\max} \geq H \end{cases}$$

그림 2.6 업 앤 아웃 콜옵션의 만기 수익 구조

는 확신이 있으면 업 앤 아웃 콜에 투자하는 것이 콜옵션에 투자하는 것보다 유리하다. 업 앤 아웃 콜옵션이 바닐라 콜옵션에 비해 초기 프리미엄이 싸기 때문이다. 2010년대에 코스피 지수가 횡보하는 속칭 박스피 시대에 인기가 좋았다. 하지만 시장의 전망이 틀려서 주가가 H 이상으로 상승하면 이 옵션의 가치는 없어지기 때문에 초기 프리미엄의 손실이 발생한다. 랠리가 있는 상승장에는 좋지 못한 상품이다.

그림 2.7은 낙인 풋$^{\text{Knock In put}}$옵션이다. 평소에는 옵션이 존재하지 않다가 주가가 특정 값 H 이하로 하락하면 행사가 K의 풋옵션이 생성된다. 그러므로 발행일부터 만기까지 주가의 최솟값 $S_{\min}$이 H보다 큰 경우에는 0의 값을 갖고, 작은 경우에 풋옵션의 수익 구조를 갖게 된다. 일반적으로 이 옵션은 매수 포지션보다 매도 포지션을 갖는 것이 일반적인데, 이는 특정 레벨 H이하로 주가가 하락하지 않을 거라는 시장 전망을 갖기 때문이다. 뒤에서 설명하는 원금 비보장 ELS가 기본적으로 내재하는 옵션이다.

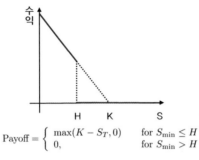

$$\text{Payoff} = \begin{cases} \max(K - S_T, 0) & \text{for } S_{\min} \leq H \\ 0, & \text{for } S_{\min} > H \end{cases}$$

그림 2.7 낙인 풋옵션의 만기 수익 구조

2.6 ELS

주식 연계 증권ELS, Equity Linked Securities은 채권과 옵션을 결합한 구조화 채권 structured note의 일종이다.[11] 한국에서는 2000년대 초반부터 발행하기 시작했는데 ELS의 구조화 방법을 논의하면서 한국의 ELS 변천사를 살펴본다.

우선 원금 보장형 ELS를 구조화하는 방법을 설명한다. 2000년대 초는 1998년의 IMF 구제금융의 영향으로 금리가 여전히 높았던 시기다. 시장 금리를 10%, 구조화하려는 ELS의 만기를 1년, 원금을 100으로 가정한다.

1년 후에 원금을 보장하고자 $100/(1 + 0.1) \approx 91$의 금액을 YTM 10%이고 1년 만기인 무이표채에 투자한다. 그러면 1년 후 채권 만기에 100을 받아서 투자금이 보장된다.

이제 가용할 수 있는 종잣돈이 9인 셈이다. 이를 주식에 투자했다고 가정한다. 1년 동안 주식에서 30%의 수익률이 났다고 가정하면 주식에 투

---

11. 자금시장 통합법에서는 ELB, ELS, DLB, DLS를 엄격하게 구분하지만 이 책에서는 법적으로 엄밀한 구별이 중요하지 않기에 ELS로 용어를 통일해 사용한다.

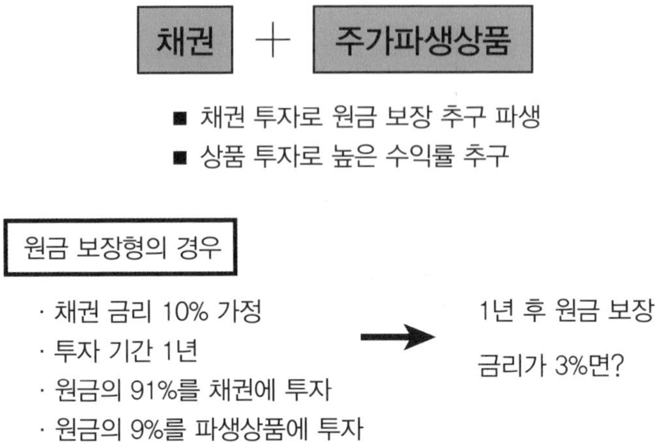

| 채권 | + | 주가파생상품 |

■ 채권 투자로 원금 보장 추구 파생
■ 상품 투자로 높은 수익률 추구

원금 보장형의 경우

· 채권 금리 10% 가정
· 투자 기간 1년   →   1년 후 원금 보장
· 원금의 91%를 채권에 투자   금리가 3%면?
· 원금의 9%를 파생상품에 투자

그림 2.8 ELS의 기본 구조

자한 금액 9가 11.7이 되고 채권에서 나온 원금과 합하면 1년 후의 ELS 투자자는 111.7을 얻는다. ELS에 투자하지 않고 채권에 투자한 경우 110을 얻는 것에 비해 위험한 주식에 투자해 높은 수익률이 났음에도 불구하고 추가 수익은 1.7에 불과하다. 투자자 입장에서는 좋지 못하다.

근본적으로 주식에 투자할 수 있는 종잣돈seed money은 채권 이자이므로 같은 투자 금액으로 더 높은 주식 수익률을 추구하려면 레버리지leverage가 높은 파생상품에 투자해야 한다. 쉽게 생각할 수 있는 것이 초기 투자 비용이 적은 콜옵션에 투자하는 것이다. 이로써 가장 간단한 원금 보장형 ELS인 채권과 콜옵션의 포트폴리오가 구성된다.

시간이 지남에 따라서 시장 금리가 점점 하락해 2006년에 6%, 2012년에 4%, 현재 1% 주위의 국고채 금리가 형성됐다. 원금 보장형 ELS의 입장에서는 옵션에 투자할 종잣돈이 점점 더 줄어들어 새로운 구조의 ELS가 나오는 배경이 됐다.

가장 먼저 만기가 1년인 ELS가 만기 3년으로 바뀌었다. 만기가 길어질수록 가용할 수 있는 종잣돈은 늘어나게 된다. 하지만 한국 투자자의

- 만기 1년 $\longrightarrow$ 3년, 조기 상환
- 바닐라 옵션 $\longrightarrow$ 이색 옵션
- 기초자산 1개 $\longrightarrow$ 자산 n개의 **최저 성과**
- 원금 보장 $\longrightarrow$ 원금 **비보장**

그림 2.9 금리 하락에 따른 ELS의 변화

성향은 만기 1년 이상의 금융 상품을 꺼리는 경향이 있다. 세상이 너무 빠르게 변화는 경향에 적응한 탓일 것이다. 그래서 3년 만기 ELS에 6개월마다 조기 상환 조건을 추가해 실질 만기는 6개월 같은 효과를 만들었다. 실제로 2007년도에 ELS에 투자한 대부분의 투자자들은 ELS가 6개월 만기 금융상품이라고 생각했었다.

다음은 내재된 파생상품의 변화다. 간단하게 생각할 수 있는 콜옵션은 주가 상승에 대한 가능성을 모두 열어 두고 있기에 초기 프리미엄이 비싼 편이다. 비슷한 효과를 내면서 프리미엄이 작은 이색 옵션을 ELS에 이용했다. 대표적으로 디지털 옵션과 업 앤 아웃 콜옵션을 많이 사용했다.

위의 두 가지 방법은 다른 나라에서도 사용됐던 것인데 한국에서만 특이하게 발생한 것이 하나 있다. 내재된 파생상품의 기초자산이 보통 1개인데, 기초자산으로 2개 또는 3개, 가끔은 4개를 이용해 이들의 최저 성과 worst performance를 이용한 수익 구조의 파생상품을 ELS에서 포함하게 됐다. 같은 조건에서 기초자산의 개수가 많아질수록 최저 성과는 작아지므로 내재된 옵션의 프리미엄은 감소하게 된다. 2010년도 초반까지는 기초자산 2개가 유행했는데 2010년 중반 이후 현재까지는 기초자산이 3개가 가장 유행하고 있다.

마지막으로 도입된 것은 원금 보장을 없애는 것이다. 원금 보장을 고수하면 만기까지 얻게 되는 이자를 할인한 금액만 옵션에 투자할 수 있다. 원금 비보장으로 구조화하면 보다 더 많은 종잣돈을 옵션에 투자할 수 있

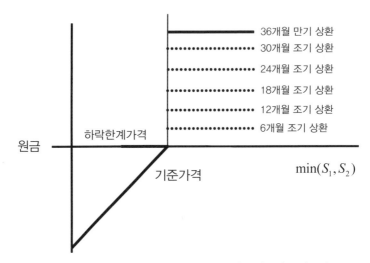

그림 2.10 초창기 Hi-Five형 ELS의 수익 구조, 100/100/100/100/100/100 KI60

게 된다. 초기부터 현재까지 가장 많이 사용하는 원금 비보장 형태는 투자
자로부터 낙인 풋옵션을 매수하고 이 옵션의 프리미엄을 투자자에게 현금
으로 지급하지 않고 파생상품에 투자한다. 이 경우 고객은 낙인 풋옵션의
매도 포지션에 있기 때문에 손실이 발생할 가능성이 있고 원금을 보장받을
수 없다.

그림 2.10은 초창기 Hi-Five형 ELS의 수익 구조를 보여 준다.[12] ELS
발행 시점의 기초자산의 가격을 기준가격으로 설정한 후에 6개월마다 6번
의 상환 기회가 주어진다. 앞의 5번은 조기 상환이고 마지막은 만기 상
환이다. 그림에서 기초자산이 2개인 경우이다. 조기 상환 날에 기초자산
이 행사가 이상이면 미리 정한 이자를 지급하고 종료된다. 그렇지 않으면
ELS는 계속 진행된다. 이런 기회가 5번 주어지며 5번 동안 조기 상환이
되지 못하면 만기 상환이 된다. 만기 상환 시에 기초자산의 가격이 행사가

12. 신종 조기 상환 구조, 6-chance ELS라는 이름도 사용됐다. 이유는 알 수 없지만
Hi-Fvie라는 이름이 가장 유행했다.

이상이면 조기 상환과 같이 특정 이자가 지급된다. 그렇지 않은 경우가 좀 복잡한데 두 가지의 경우로 나눈다. 발행 시점부터 만기까지 기초자산의 가격이 미리 정한 하한 한계 가격 이하로 한 번이라도 하락한 적이 있으면 KI Hitting 원금 손실이 발생한다. 그렇지 않으면, 즉 만기일의 기초자산의 가격이 행사가보다 높지도 않고, 발행일부터 만기일까지 주가가 하한 한계 이하로 떨어진 적도 없는 경우에는 원금만 지급하고 종료한다. 이 경우 투자자는 은행 이자만큼 실질적인 손실이 발생한다.[13]

위에서 보듯이 ELS의 구조는 기초자산의 기준가에 대비, 행사가 레벨과 하한 한계 가격의 레벨로 결정된다. 예를 들어 90/90/85/85/80/80, KI 50이라 하면 앞의 6개의 숫자는 이자를 지급하고 끝나는 행사가의 기준가 대비 레벨을 의미하고, KI 50은 하한 한계 가격이 기준가의 50%라는 것을 의미한다.

2008년 금융 위기와 2010년 대의 오랜 박스피의 시장 환경에서 보다 더 다양한 수익 구조를 갖는 ELS가 출시됐지만, 현재 가장 유행하는 ELS 구조는 Hi-Five에서 변형된 풀더미 스텝다운full dummy stepdown형이다. Hi-five 구조에서 원금을 지급하는 조건인, 만기 시에 기초자산의 가격이 행사가 이하이고 발행일로부터 만기까지 주가가 하한 한계 가격 이하로 하락한 적이 없는 경우는 실현될 확률이 매우 낮다. 처음에 몇몇 증권사에서 이벤트 용으로 이런 경우에 매우 높은 이자는 지급하는 로또형 ELS를 출시했는데 인기가 좋았다. 그 후 이런 경우에 지급하는 이자에 더미 쿠폰 dummy coupon이라는 이름이 붙었고, 만기에 행사가 이상으로 상환되는 것과 같은 크기의 이자를 주는 것으로 정착됐다. 결국 ELS의 투자자는 주가가

---

13. ELS를 처음 접하는 독자는 수익 구조가 매우 복잡하다고 느낄 것이다. 이렇게 복잡한 것이 국민 재테크 상품이라 불리며 매우 활발하게 투자되고 있는 것 또한 놀라운 일이다. 그리고 여기서 설명한 것은 대표적인 상품 구조이며, 본인이 투자하는 ELS의 구조는 다를 수 있기 때문에 상품 설명서를 꼼꼼하게 읽고 투자해야 한다.

하한 한계 가격을 히팅하지 않으며, 조기 상환되지 않고 만기까지 보유하면 만기에 높은 이자를 받게 된다.

초창기 Hi-Five의 조기 상환의 행사가는 같은 수준의 값이었다. 예를 들면 90/90/90/90/90/90이다. 2007년의 상승장에서는 대부분의 ELS가 첫 번째 조기 상환 시점에서 상환이 됐기에 두 번째 이후의 행사가는 중요하지 않았다. 그러나 금융 위기 이후로 조기 상환되지 않는 ELS가 속출하면서 주가가 하락해서 조기 상환이 되지 않은 경우에 다음의 상환 행사가의 레벨이 하락한 주가 수준에 비해 높게 느껴진다는 것을 알았다. 즉 첫 번째 조기 상환이 되지 않는 경우 다음에 조기 상환될 확률은 점점 작아진다. 이러한 문제를 해결하고자 조기 상환의 행사가 레벨을 뒤로 갈수록 점점 내리는 스텝다운^{stepdown}이 나오게 됐다. 대표적인 행사가 레벨은 90/90/85/85/80/80이다. 이것과 앞에서 언급한 풀더미가 합쳐져서 풀더미 스텝다운 ELS가 완성됐다.

옵션 평가를 위해 개발된 금융공학을 ELS에 적용하면 가격을 계산할 수 있다. ELS의 복잡한 수익 구조를 생각하면 해석해가 존재하지 않고 컴퓨터를 이용해 수치적으로 계산할 수밖에 없지만, 시장의 변수들이 가격에 미치는 영향을 정성적으로 분석을 하는 것이 이 책의 목표다.

3 장

금융공학의 기초

3.1 효율 시장 가설

경제학에서 "상품 가격은 얻을 수 있는 모든 정보를 빠르게 반영한다."라는 효율 시장 가설^{EMH, Efficient Market Hypothesis}이 있다. 정보의 종류에 따라서 이론이 약형, 준강형, 강형으로 구분되지만, 근본적으로 알려진 정보를 이용해 미래의 가격을 합리적으로 예측할 수 없고 새로운 뉴스만이 가격에 영향을 미친다. 그러므로 새로운 뉴스는 예측할 수 없기 때문에 상품의 미래 가격은 예측할 수 없는 랜덤이 된다는 것이 결론이다. EMH의 강력한 증거는 눈을 가린 원숭이와 펀드 매니저의 투자 대결에서 원숭이가 승리한 것과 액티브 펀드^{active fund}의 장기 수익률이 인덱스 펀드^{index fund}의 수익률을 초과하지 못한다는 것이다. EMH를 인정한다면 차트를 열심히 분석해서 투자하는 기술적 분석^{technical analysis}은 단지 노이즈를 분석하는 것에 불과하다. 마치 로또 번호에서 패턴을 찾아서 다음 로또 번호를 예측하는 것과 마찬가지다.

하지만 EMH에 대한 반대 이론도 만만찮다. 시장은 비효율적이라는 것인데 대표 이론으로 행동 경제학^{behavioral economics}이 있다. 경제학에서 가정하는 "시장 참여자는 매우 합리적이다."라는 명제를 부정하고, "사람은 자주 불합리적이며 가끔 과민반응을 한다."라는 것을 행동 경제학에서는 인정한다. 그리고 시장에는 실제로 차익 거래^{arbitrage}의 기회가 존재해 이를 누리는 사람이 있고 장기적으로 좋은 수익률을 내는 투자자 또한 존재하고 있다.[1]

주식 투자의 입장에서는 EMH가 유효한지 그렇지 않을지가 중요하다. EMH 입장에서는 높은 수익률을 달성한 펀드 매니저는 단지 운이 좋았기 때문이다. 그러나 이 책에서는 주식 투자의 목적이 아니라 옵션의 가격을 평가하기 위한 주가 모형이 필요하기 때문에 EMH를 받아들여서 가장 간단한 랜덤 워크^{random walk} 주가 모형을 사용한다.

3.2 브라운 운동

EMH에서는 새로운 뉴스가 가격의 변화를 유발하며 새로운 뉴스는 랜덤하게 발생한다고 가정한다. 그러므로 가격은 랜덤한 값들의 합으로 표현될 수 있다. 이를 랜덤 워크^{random walk}라고 한다. 랜덤 워크라는 단어는 상경 계열에서 많이 사용되는 단어인데 같은 의미를 갖는 단어로 응용수학과 물리학에서는 브라운 운동^{Brownian motion}이라는 단어를, 순수수학에서는 위너 과정^{Wiener process}이라는 단어를 많이 사용한다.

1827년, 영국의 식물학자인 브라운은 물 위에 있는 꽃가루를 현미경으로 관찰했다. 당시에는 현미경이 새롭게 개발돼서 무엇이든지 확대해서 보는 것이 유행이어서 특별한 목적 없이 실험을 진행했다. 그러나 놀랍게

---

1. 워런 버핏이나 사이먼스가 대표적이다.

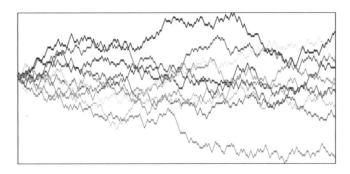

그림 3.1 브라운 운동. x축은 시간을 의미한다.

도 물위에 떠 있는 꽃가루가 끊임없이 움직이는 것을 발견하게 된다. 이러한 현상을 잘못 해석해서 식물의 꽃가루도 동물의 정자와 같이 운동성을 갖는 것을 발견했다는 잘못된 과학 소식을 발표해 전 유럽이 시끄러웠다. 아인슈타인이 1905년에 꽃가루의 운동은 단지 물 분자의 운동으로 인한 충돌로 발생한 것이고 물의 온도에 따라서 꽃가루 운동의 거리가 바뀐다는 것을 정량적으로 유도해 발표함으로써 브라운 운동의 소동은 마무리된다. 그 후 랜덤 변수에 의해서 유도되는 운동을 브라운 운동이라고 불렀으며, 이것을 러시아의 수학자 위너^{Wiener}가 수학적으로 엄밀성을 추가해 정리한 것이 위너 과정이다. 결국 랜덤 워크, 브라운 운동, 위너 과정은 본질적으로 같은 것을 의미한다.

랜덤 워크는 흔히 술 취한 사람의 걸음걸이라고 말한다. 1차원에서 술 취한 사람이 우연히 앞으로 갔다 뒤로 갔다 할 때 시간이 지남에 따라서 이 사람의 위치는 어떻게 될 것인가 하는 문제다. 수학적으로 정의하면 동전을 던져서 앞면이 나오면 $X = 1$, 뒷면이 나오면 $X = -1$인 확률변수를 도입한다.

$$X = \begin{cases} 1, & \text{with } p = 1/2, \\ -1, & \text{with } p = 1/2 \end{cases} \qquad (3.1)$$

하첨자를 사용해 X_i를 i번째 X로 표기하면 각각은 iid[2]가 되며 술 취한 사람의 발걸음 또는 이산^{discrete} 브라운 운동은 다음과 같다.

$$W = \sum_{i=1}^{n} X_i \tag{3.2}$$

여러 번 실현되는 이산 브라운 운동을 그림 3.1에 나타냈다. $\mathbb{E}(X) = 0$ 이고 $\text{Var}(X) = 1$인 것과 X_i가 iid인 것에 주의하면, $\mathbb{E}(W) = 0$이고 $\text{Var}(W) = n$이 된다. 통계학의 중심 극한 정리$^{\text{CLT, Central Limit Theorem}}$을 이용하면 iid인 확률 변수의 합의 극한은 정규 분포가 된다. 즉 다음을 만족한다.

$$W \sim \mathsf{N}(0, n), \quad \text{as } n \to \infty \tag{3.3}$$

시간이 오래 지남에 따라서 술 취한 사람은 평균적으로 제자리에 있지만 $\text{Stdev}(W) = \sqrt{n}$이므로 위치의 불확실성은 n이 증가함에 따라서 $O(\sqrt{n})$ 으로 증가한다. 처음의 위치를 0이라 둘 때 n이 증가하면 정규 분포의 이론에서 다음의 확률을 만족한다.

$$\mathbb{P}(-1.96\sqrt{n} \leq W \leq 1.96\sqrt{n}) = 0.9 \tag{3.4}$$

식 (3.2)에서 X_i 대신에 표준 정규 분포를 따르는 $Y \sim \mathsf{N}(0, 1)$을 사용해도 n이 큰 경우에는 같은 이산 브라운 운동을 얻는다.

$$W = \sum_{i=1}^{n} Y_i \tag{3.5}$$

$\mathbb{E}(Y) = 0$이고 $\text{Var}(Y) = 1$이므로 앞에서와 같이 $\mathbb{E}(W) = 0$이고 $\text{Var}(W) = n$을 얻는다. 앞으로는 확률 변수 X 대신에 표준 정규 분포를 따르는 Y를

---

2. independent and identically distribution

사용해 브라운 운동을 정의한다.

이제 연속 브라운 운동에 관한 것을 살펴보자. 이를 수학적으로 엄밀하게 정의하는 것은 확률 해석학의 지식을 요구하므로, 이 책에서는 수치 시뮬레이션에서 사용하는 버전을 소개한다. 보다 엄밀한 내용을 원하는 독자는 확률 해석학을 참고하기 바란다.

시간 구간 $[0, T]$에서 연속 브라운 운동을 정의하려고 한다. n이 정수일 때 시간 간격 $\delta t = T/n$를 이용해 시간 구간에서 격자점 $\{t_i = i\,\delta t \,|\, i = 0, 1, \cdots, n\}$를 생성한다. $W_0 = 0$이라 가정하고 격자점에서 브라운 운동을 정의한 후에 격자점이 아닌 점에 대해서는 선형 보간법^{linear} ^{interpolation}을 이용해 연속적으로 확장^{extension}한다.

브라운 운동이 시간에 대해 연속 함수가 되는 것을 가정하면, $\delta t \to 0$일 때 $\delta W_i \to 0$이 된다. 그러므로 다음 정의에서 $\alpha > 0$이 돼야 한다.

$$W_T = W(t_n) = \sum_{i=1}^{n} \delta W_i$$

$$\delta W_i = (\delta t)^{\alpha} Y_i$$

$$(3.6)$$

Y_i가 iid임을 고려하면 임의의 α에 대해 $\mathbb{E}(W_T) = 0$이고 $\text{Var}(W_T) = n(\delta t)^{2\alpha} = T(\delta t)^{2\alpha - 1}$이다. $\delta t \to 0$인 극한에서 0이 아닌 유한한 분산을 갖는 것은 $\alpha = 1/2$인 경우다.[3] 정리하면 연속 브라운 운동의 증분은 다음으로 표현된다.

$$\delta W_i = \sqrt{\delta t}\, Y_i \qquad (3.7)$$

그리고 $\text{Var}(W_n) = T$다. 정규 분포를 따르는 확률 변수의 합은 다시 정규 분포가 되기 때문에 $W_T \sim \mathsf{N}(0, T)$가 된다. $Y \sim \mathsf{N}(0, 1)$를 또 다른

---

3. 분산이 무한대인 경우를 다루는 경우도 있다.

독립 랜덤 변수라 하면 다음으로 표현해도 확률 분포로서 일치한다.

$$W_T = \sqrt{T}\,Y \tag{3.8}$$

반대로 $\delta t \ll 1$인 브라운 운동의 증분 δW에 관해 고려한다. $Y_i \sim$ N(0, 1)이므로 Y_i는 δt에 무관해 $\delta t \to 0$일 때 $\delta W = O(\sqrt{\delta t})$다. 특히 $O(\sqrt{\delta t}) \gg O(\delta t)$에 주의하면 브라운 운동이 짧은 시간 동안 큰 변화가 있는 것을 알 수 있다. 보통 이것을 쇼크[shock]라고 말한다.

일반적인 미분 기호 dt는 $\delta t \to 0$일 때 극한으로 생각하는 경향이 있지만 간단하게 정의하기는 어렵다. 대수적으로는 dt를 숫자로 인식하지 않으며 해석학에서는 ϵ-δ 논법을 사용해 극한을 정의한다. 이러한 접근법은 이 책의 범위 밖의 논의이며 구체적인 정의와 증명은 해석학 책을 참고해야 한다. 굳이 차이를 언급하면 δt는 작지만 유한한 값을 가지지만 dt는 0이 아닌 무한소[infinitesimal]다. 이 책에서는 최종 결과를 컴퓨터를 이용해 수치 계산을 하는 것이 목표이므로 dt와 δt를 비슷한 것으로 보며 무한소를 심벌 계산[symbolic calculation]으로 이용할 것이다.[4]

금융에서 가장 많이 사용하는 중요한 심벌 계산의 공식은 $(dW)^2$에 관한 것이다. $(\delta W)^2 = \delta t\, Y^2$임에 주의를 하면 $\mathbb{E}(\delta W)^2 = \delta t$이고 $\mathrm{Var}(\delta W)^2 = O(\delta t)^2$이다. $\delta t \to 0$인 경우에 $\mathrm{Var}(\delta W)^2$는 $\mathbb{E}(\delta W)^2$에 비해 매우 빠른 속도로 0이 된다. 분산이 0이 되는 확률 변수인 셈이다. 즉 더 이상 랜덤 변수가 아닌 결정적인[deterministic] 변수다. 그러므로 다음을 얻는다.[5]

$$(dW)^2 = dt \tag{3.9}$$

---

4. 고등학교에서 배운 치환 적분법에서 $x = h(t)$이면 $dx = h'(t)dt$를 이용해 치환하는 것이 일종의 심벌 계산이다.

5. 해석학에서 엄밀하게 증명할 때에도 아이디어는 이와 같다.

3.3 주가 모형

브라운 운동을 이용한 최초의 주가 모형은 바슐리에[Bachelier]에 의해서 1900년에 제시됐다. 이는 아인슈타인이 도입한 브라운 운동보다 5년 앞선 것이어서 사용한 용어가 조금 다르지만, 이 책의 표기에 따라서 주식의 가격 S에 관한 바슐리에의 모형을 서술하면 다음과 같다.

$$dS = \mu dt + \sigma dW \tag{3.10}$$

이를 적분하면 주가에 관한 식을 얻는다.

$$S(t) = \mu t + \sigma W(t) \tag{3.11}$$

기본적으로 μt에 따라서 선형적으로 상승하면서 브라운 운동을 하고 있다. 이 모형은 가장 간단해 쉽다는 장점이 있지만 심각한 문제를 갖고 있다. 브라운 운동은 0보다 큰 확률로 임의의 값보다 작아질 수 있기 때문에 식 (3.11)에서 기술하는 주가는 언젠가는 0보다 큰 확률로 음의 값을 갖게 된다. 이는 주식의 가장 기본 성질을 위배한다.

　　주식 거래는 유럽에서 대서양을 항해하는 배를 출항하기 위해 개발한 금융제도다. 인도나 동남아까지 항해해서 향료 등을 무사히 싣고 귀국하면 높은 수익이 나지만, 오랜 시간 먼바다를 항해하는 것은 귀국하지 못하는 경우가 많아 매우 위험하다. 따라서 이에 필요한 비용 전액을 한 명이 투자하는 것은 매우 위험하므로 주식을 발행해 일정 지분을 여러 명이 공동 투자하는 방식이 개발됐다. 본인인 투자한 금액만 손실에 대한 책임을 지는 것이다. 투자한 금액 이상의 손실에 대해서는 책임이 없는 것이 주식의

기본 속성이다.[6] 결국 주가는 음의 값을 가지면 안 된다.[7]

바슐리에 모형의 한계를 극복하기 위해 도입한 간단한 모형은 주가의 단순 수익률을 브라운 운동으로 모델링한 것이다.

$$dS/S = \mu \, dt + \sigma \, dW \tag{3.12}$$

여기에서 μ는 추세율[drift rate]이고 σ는 변동성[volatility]이다. 이 모형을 기하 브라운 운동[GBM, Geometric Brownian Motion]이라 하고, 주가는 GBM을 따른다고 표현한다. 식 (3.12)을 시간 간격 $\delta t = 1/250 = 0.004 = 1 \, \text{Day}$에 대해 이산화하면 주가의 일일 수익률에 관한 식을 얻는다.[8]

$$R_i = \frac{S_{i+1} - S_i}{S_i} = \mu \, \delta t + \sigma \sqrt{\delta t} \, Y_i \tag{3.13}$$

이로부터 R_i의 분포는 $N(\mu \, \delta t, \sigma^2 \delta t)$를 만족하는 것을 알 수 있다. 그러므로 변동성에 대한 수학적인 정의를 얻을 수 있다.

$$
\begin{aligned}
\sigma^2 &= \frac{1}{\delta t} \, \text{Var}(R_i) \\
&\approx \frac{1}{n \, \delta t} \sum_{i=1}^{n} \left(\frac{S_i - S_{i-1}}{S_{i-1}} \right)^2
\end{aligned}
\tag{3.14}
$$

여기서 두 번째의 근사식은 일반 주가의 특징인 $\mu \approx 0$을 이용한 것이다.

식 (3.14)에는 여러 가지 시간 스케일이 존재하는 것에 주의를 해야 한

---

6. 이런 속성을 자금시장 통합법에서는 증권으로 분류한다. 파생상품의 경우에는 초기 투자금액 이상의 손실이 가능하다. 추가 손실로 인해 현금을 더 입금하라고 전화가 오는 것을 마진콜이라고 한다.

7. 주가가 0인 것은 상장폐지를 의미한다.

8. 주식은 영업일[business day]에만 거래되므로 일, 주, 달을 연[year]으로 환산할 때 영업일 기준으로 한다. 1주는 5일, 1달은 20일을 사용하고, 1년은 250일, 252일, 260일을 많이 사용한다. 이를 연환산 계수[annualizing factor]라고 한다. 이 책에서는 250일을 사용한다. 분산 스와프[variance swap]와 같이 영업일의 일수가 중요한 경우에는 계약서에 명기돼 있다.

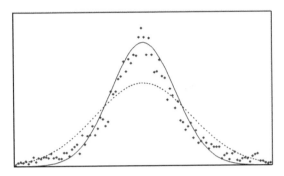

그림 3.2 **빨간색 점은 KOPI200의 일일 수익률의 분포를 나타낸다. 점선과 실선은 표준편차를 바꾼 정규 분포의 확률 밀도 함수다.**

다. 우선 변동성은 정의에서 1년 단위다. 1년 간의 수익률의 표준편차인 것이다($\delta t = 1$). 그러나 이를 계산하기 위해 실제로 사용하는 데이터는 일일 수익률을 사용한다.($\delta t = 1/250$) 주가가 정확하게 GBM을 만족하면 1시간 단위의 수익률이나, 1주일 단위의 수익률이나 또는 1년 단위의 수익률을 사용해도 결과는 같다.[9] 그러나 실제 계산에서는 차이가 발생하며 일일 수익률을 사용하는 것이 일반적이다.

그리고 표준편차를 계산하고자 사용하는 샘플의 갯수에 따른 시간 스케일이 발생한다.($n\delta t$) 흔히 사용하는 방법은 3개월 또는 6개월 동안의 주가의 일일 수익률을 이용한다. 주가 시계열은 동형^{homogeneous} 자료가 아니어서 샘플 크기에 따라서 계산된 변동성의 값이 달라진다.

그림 3.2는 KOSPI200의 20년간의 일일 수익률의 분포를 빨간색 점으로 나타낸 것이다. 점선과 실선은 표준편차를 바꾸어서 나타낸 정규 분포의 확률 밀도 함수다. 그림에서 보듯이 수익률의 분포는 정규 분포에 비해 평균 주위의 분포가 뾰족하고^{leptokurtic} 바깥쪽의 분포는 정규 분포에

---

9. 이것은 브라운 운동의 시간 스케일 상사성$^{time\ scale\ similarity}$이라고 한다.

비해 두껍다.$^{\text{fat tail}}$ 그리고 그림에서는 중심에 대해 대칭으로 보이지만, 통계적 계산에 의하면 좌스큐$^{\text{left skew}}$를 가진다. 이런 것은 대부분의 주가 시계열이 갖는 일반적인 특성이다.

그림에서 볼 수 있듯이 주가의 수익률은 정규 분포를 정확하게 따르는 것은 아니다. 그렇다고 해서 수익률이 정규 분포가 아니라고 말하기에는 둘이 비슷하다. 이러한 상황에서 흔히 사용하는 이론 전개 방식은 우선 "수익률은 정규 분포가 된다"라고 가정하고 이론을 전개하고, 개발된 이론을 실제로 적용해 큰 문제가 발생할 때 다시 가정을 수정해 보완한다. 과학 이론 접근법의 일반적인 패턴이다. 처음부터 너무 복잡한 가정을 하면 초기에 이론을 전개하는 것이 힘들기 때문에 가급적이면 처음 모형은 간단한 것이 좋다. 수학적으로 서술하면 정규 분포를 이용해 수익률 분포를 일차근사$^{\text{first order approximation}}$한다. 정규 분포가 아닌 경우는 고급 변동성 모형에서 다루게 된다. 결론적으로 주가가 GBM 식 (3.12)를 따른다는 것을 가정한다.

식 (3.12)의 수학적인 성질에 대한 설명을 계속하기 전에 경제학이나 수학에서는 잘 언급하지 않는 차원^{dimension} 또는 단위^{unit}에 관해 언급한다. 수학에서 다루는 순수 숫자를 제외하고, 현실 세계를 반영하는 모든 숫자는 특별한 무차원 수를 제외하고는 모두 단위를 가진다. 식 (3.12)에 나타난 기호의 단위는 다음과 같다.

$$
\begin{aligned}
&S : [\$] \qquad\quad \mu : [\text{Year}]^{-1} \quad t : [\text{Year}] \\
&\sigma : [\text{Year}]^{-1/2} \quad W : [\text{Year}]^{1/2}
\end{aligned}
\tag{3.15}
$$

σ와 W의 차원에 주의해야 한다. 그리고 식 (3.12)의 좌변과 우변이 무차원수로 차원이 일치하는 것을 볼 수 있다.

$$
\frac{[\$]}{[\$]} = [\text{Year}]^{-1}[\text{Year}] + [\text{Year}]^{-1/2}[\text{Year}]^{1/2}
\tag{3.16}
$$

지금부터는 확률 미분 방정식인 식 (3.12)의 해를 구하려고 한다. $\sigma = 0$인 경우에는 $dS/S = d\log S$의 관계에서 다음을 얻는다.

$$S(t) = S_0 \exp(\mu t) \tag{3.17}$$

이는 주가가 연속복리 μ로 증가하는 것을 보여 준다. μ가 drift rate이라는 영어 이름을 가진 것은 브라운 운동에서 유래된 것이다. 처음의 브라운 운동은 현미경에 정지한 물 위에 떠 있는 꽃가루인 것에 비해서 $\mu \neq 0$인 경우는 강물과 같이 움직이는^{drifting} 물 위에 있는 꽃가루를 서술한다. 주가의 경우 추세를 가지며 브라운 운동을 하고 있는 주가를 서술한다.

$\sigma \neq 0$인 경우에는 $dS/S = d\log S$가 성립하지 않는다. 좌변 dS/S는 단순 수익률을 나타내고 우변 $d\log S$는 로그 수익률을 나타낸다. 1장에서 살펴본 단순 수익률과 로그 수익률의 관계식 (1.9)와 비슷한 관계식이 만족할 것이다.

심벌 계산 공식 $(dW)^2 = dt$을 이용해 뒤에서도 자주 사용되는 중요한 공식 하나를 소개한다.

$$\begin{aligned}\left(\frac{dS}{S}\right) &= (\mu\,dt + \sigma\,dW)^2 \\ &= \sigma^2\,dt + o(dt)\end{aligned} \tag{3.18}$$

$o(dt)$인 항을 무시하면 다음을 얻는다.

$$(dS)^2 = \sigma^2 S^2\,dt \tag{3.19}$$

테일러 급수 전개와 위의 공식을 이용하면 식 (1.9)의 연속 버전인 다음 식을 얻는다.

$$
\begin{aligned}
d \log S &= \frac{dS}{S} - \frac{1}{2}\left(\frac{dS}{S}\right)^2 dt \\
&= \frac{dS}{S} - \frac{\sigma^2}{2}\, dt \\
&= \left(\mu - \sigma^2/2\right)\, dt + \sigma\, dW
\end{aligned}
\tag{3.20}
$$

여기에서 로그 수익률의 브라운 운동 부분과 단순 수익률의 브라운 운동 부분은 일치하는 것을 알 수 있다. 그러므로 변동성을 계산할 때 단순 수익률 대신에 로그 수익률을 사용해 표준편차를 계산해도 무방한 것을 알 수 있다.

단순 수익률과 로그 수익률의 차이는 추세율에만 존재한다. 로그 수익률은 단순 수익률과 달리 쉽게 더할 수 있는 것처럼 식 (3.20)는 쉽게 적분이 돼서 확률 미분 방정식 GBM (3.12)의 해를 구할 수 있다.[10]

$$
S_t = S_0 \exp\left((\mu - \sigma^2/2)t + \sigma W(t)\right)
\tag{3.21}
$$

식 (3.8)을 이용하면 S_T의 확률 분포를 구할 수 있다.

$$
S_T = S_0 \exp\left((\mu - \sigma^2/2)T + \sigma\sqrt{T}\,Y\right)
\tag{3.22}
$$

Y는 표준 정규 분포를 따르는 확률 변수이므로 정규 분포의 확률 밀도 함수를 직접 적분해 평균을 구할 수 있다.

$$
\begin{aligned}
\mathbb{E}(S_T) &= \frac{S_0}{\sqrt{2\pi}} \int_{-\infty}^{\infty} \exp\left((\mu - \sigma^2/2)T + \sigma\sqrt{T}\,y - \frac{y^2}{2}\right) dy \\
&= S_0 e^{\mu T}
\end{aligned}
\tag{3.23}
$$

---

10. 이 책에서는 μ와 σ가 상수임을 가정했다. $\mu = \mu(t)$, $\sigma = \sigma(t)$인 경우에도 똑같은 방법으로 적분을 이용한 표현식을 구할 수 있다.

결국 주가의 미래 기대치를 할인한 값은 $S_0 e^{(\mu-r)T}$가 된다. 그러나 주식 시장 참여자 대부분은 $\mu = r$이라고 생각하지 않는다. 이런 기대를 갖는다면 위험을 무릅쓰고 주식 시장에 참여할 이유가 없다. 결국 일반적인 유가 증권의 평가 공식 (2.17)은 가장 간단한 주식조차도 시장 가격을 재현해 내지 못하고 있다.

$$S_0 \neq e^{-rT} \, \mathbb{E}(S_T) \tag{3.24}$$

그러나 가격 평가가 아닌 가치 평가의 입장에서 μ에 대한 기댓값으로 투자를 결정할 것이다.

$$\mu > r \quad \Rightarrow \quad S_0 < e^{-rT} \, \mathbb{E}(S_T) \quad \Rightarrow \quad \text{저평가} \quad \Rightarrow \quad \text{주식 매수}$$
$$\mu < r \quad \Rightarrow \quad S_0 > e^{-rT} \, \mathbb{E}(S_T) \quad \Rightarrow \quad \text{고평가} \quad \Rightarrow \quad \text{주식 매도}$$

μ를 통계적으로 정확하게 결정하는 안정적인 방법이 존재하면 EMH가 성립하지 않는다. 실제로 통계적으로 μ를 결정하면 매우 불안정하다는 것이 알려져 있다. 그리고 시장에서 주식이 활발하게 거래되는 것은 시장 참여자들이 μ에 대한 다른 전망을 갖고 있기 때문이다. 결국 옵션 평가에 사용할 μ의 결정을 거래 상대방 양측이 모두 합의하는 것은 매우 어렵다.

이러한 어려움으로 옵션 가격은 미래 현금 흐름 평균의 현재가라는 아이디어는 더 이상 발전하지 못하고 정체됐다.

3.4 블랙-숄즈 방정식

계속 정체되던 옵션 평가 이론은 1973년의 블랙과 숄즈의 논문에서 새로운 전환점을 가진다. μ의 값을 결정할 수 없는 현금 흐름 모형에서 과감하게 탈피해 옵션 발행자 입장에서 위험을 회피하는 헤지 운용의 관점에서 옵션을 평가했다. 블랙-숄즈 Black-Scholes의 논문은 논리 전개에 몇 가지

약점이 있음에도 논문의 아이디어가 매우 중요하기 때문에 여기서는 블랙-숄즈의 논문에 따라서 블랙-숄즈 방정식을 유도한다.

우선 주식 가격에 대한 가정이다. 수학적 편의를 위해 가정한 부분도 많이 있지만 모형의 간편성을 위해 아직도 많이 사용하고 있다.

1. 주식 가격은 음이 아닌 임의의 값을 가질 수 있다.
2. 주식의 매수와 매도는 임의의 시점에서 가능하다.
3. 임의의 수량의 자식을 사거나 팔 수 있다.
4. 살 때와 팔 때의 가격 차이는 없다.
5. 거래 비용은 없다.
6. 배당^{dividend}이나 주식 분할은 없다.
7. 공매도$^{short\ selling}$가 가능하다.
8. 상수인 하나의 무위험 이자율$^{risk-free\ interest\ rate}$이 존재한다.

위의 가정을 약화해 보다 실제에 가깝게 모델링할 수 있겠지만, 배당과 무위험 이자율을 제외하면 모델의 복잡성이 증가하는 것에 비해 실효성이 별로 없다. 무위험 이자율에 관해서는 기간 구조를 갖는 경우는 간단하게 적용할 수 있지만, 이자율의 확률 모형과 주식 모형을 같이 사용해야 하는 하이브리드^{hybrid} 상품은 이 책의 범위를 벗어난다. 배당의 경우에는 배당 금액이 알려져 있다고 가정하는 이산 배당$^{discrete\ dividend}$에 대해 뒤에서 자세하게 논의한다.

그림 3.3의 발행자의 헤지 운용에 관한 것이다. 빨간색의 만기 수익 구조를 갖는 콜옵션을 발행한 경우다. 현재 가격을 의미하는 파란색 선의 함수 f는 찾고자 하는 가상의 옵션 가격 함수다. 현실에서는 현재 주가가 S_0이며 옵션의 가격 f_0만 존재하겠지만, 여기서는 현재 주가가 임의의 값을 가진다고 가정하고 이에 대한 옵션의 가격 f를 생각한다.

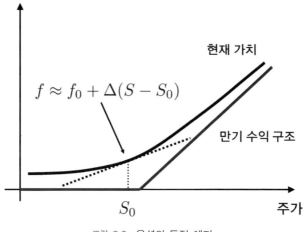

그림 3.3 옵션의 동적 헤지

옵션 발행자가 투자할 수 있는 자산은 주식과 무위험 이자율 r의 은행 예금 또는 채권뿐이다.[11] 옵션 발행자의 리스크 요소는 주가 변동이다. 주가가 상승하면 콜옵션이 행사돼 손실이 발생한다. 이를 헤지하기 위해서는 주식에 투자하는 것이 하나의 방법이다. 그러나 주식에 투자하고 가만히 있으면 주가가 하락할 때 손실이 발생한다. 그러므로 각 순간 순간에 가장 최적인 주식 수량을 찾아서 이를 리밸런싱하는 동적 헤지dynamic hedging를 하는 것이 옳은 방법이다.

한 순간에서 주식을 이용해 옵션을 헤지하는 방법에 대해서 생각한다. 그림 3.3에서 x축이 주가인 것을 고려하면 주식을 보유해 생겨나는 수익 구조는 직선이 된다. 그래서 주식은 선형 상품linear product이라고 한다. 반면에 옵션과 같이 만기 수익 구조가 직선이 아닌 경우는 비선형 상품nonlinear product이라고 한다. 결국 비선형 상품을 발행하고 선형 상품으로 헤지하려면 선형 상품의 수익 구조가 비선형 상품의 수익 구조를 최대한 근사하는

---

11. 무위험 이자율을 하나의 상수로 가정해 예금과 채권이 같아진다.

것이 좋다. 즉 선형 상품을 이용해 현재 주가 S_0에서 비선형 상품의 접선
을 구성하도록 포지션을 구성하는 것이 가장 좋은 헤지 전략이다.

$$f \approx f_0 + \Delta(S - S_0) \tag{3.25}$$

여기에서 $\Delta = f'(S)$이며 우변은 S_0에서 f의 접선의 방정식이다. Δ는
발행자가 헤지를 위해 보유해야 하는 주식의 수량이 된다. 시간이 지남에
따라서 S_0가 바뀌면, Δ 또한 변하게 되므로 발행자는 자신의 포지션의 헤
지를 위해 주식 보유량 Δ를 연속적으로 변경해야 한다.

이제 미지 함수인 f를 결정하기 위해 가격이 f인 옵션을 발행을 하고
현재가가 S인 옵션의 기초자산인 주식을 Δ주 매수한 포트폴리오Π를 생
각한다.

$$\Pi = -f + \Delta S \tag{3.26}$$

기초자산의 주가는 식 (3.12)의 GBM을 따른다고 가정한다. 포트폴리오
Π의 테일러 전개에서 식 (3.19)인 $(dS)^2 = \sigma^2 S^2\, dt$를 이용하면 다음을
얻는다.

$$\begin{aligned} d\Pi &= -df + \Delta\, dS \\ &= -\frac{\partial f}{\partial t}\, dt - \frac{\partial f}{\partial S}\, dS - \frac{1}{2}\frac{\partial^2 f}{\partial S^2}(dS)^2 + \Delta\, dS \\ &= \left(-\frac{\partial f}{\partial t} - \frac{\sigma^2}{2}S^2\frac{\partial^2 f}{\partial S^2}\right) dt \end{aligned} \tag{3.27}$$

포트폴리오 Π는 각 순간마다 주가의 움직임에 무관한 무위험 자산이기 때
문에 시간 가치만을 갖게 되므로 무위험 이자율을 r이라 두면 다음을 만
족한다.

$$d\Pi = r\Pi\, dt \tag{3.28}$$

식 (3.26)과 식 (3.27)을 식 (3.28)에 대입하면 블랙-숄즈 방정식$^{\text{Black-Scholes}}$ ^{equation}을 얻는다.

$$\frac{\partial f}{\partial t} + rS\frac{\partial f}{\partial S} + \frac{\sigma^2}{2}S^2\frac{\partial^2 f}{\partial S^2} = rf \qquad (3.29)$$

먼저 방정식의 차원을 살펴본다. 식 (3.15)에 나타난 단위와 더불어 f의 단위를 [₩] 사용하면 식 (3.29)의 차원은 다음이 된다.

$$\frac{[₩]}{[\text{Year}]} + [\text{Year}]^{-1}[\$]\frac{[₩]}{[\$]} + [\text{Year}]^{-2/2}[\$]^2\frac{[₩]}{[\$]^2} = [\text{Year}]^{-1}[₩] \quad (3.30)$$

이로부터 S와 f가 거래되는 화폐가 다른 경우에도 식 (3.29)의 차원은 일치하는 것을 알 수 있다.[12]

블랙-숄즈 방정식 (3.29)에서 가장 중요한 성질은 GBM 식 (3.12)에 사용된 결정하기 힘든 기초자산의 추세율 μ가 없다는 것이다. 외생 변수는 r과 σ뿐이다. r은 앞 장에서 소개한 채권 시장의 할인채의 가격을 이용해 추출할 수 있다. σ가 유일하게 시장에서 관찰할 수 없는 외생변수이기 때문에 σ의 결정이 이제 중요한 요소다.

옵션은 만기 T에서 수익 구조가 정해져 있기 때문에 블랙-숄즈 방정식 (3.29)의 만기 조건을 구할 수 있다. 콜옵션의 경우에 다음이 된다.

$$f(S,T) = \max(S_T - K, 0) \qquad (3.31)$$

위의 만기 조건을 부과해 식 (3.29)을 풀면 콜옵션의 가격을 계산할 수 있

---

12. 기초자산과 옵션이 거래되는 화폐가 다른 경우에는 퀀토 조정$^{\text{quanto adjustment}}$ 항을 추가해야 한다.

다.[13]

$$
\begin{aligned}
\mathsf{C}(S,0) &= SN(d_1) - Ke^{-rT}N(d_2) \\
d_1 &= \frac{\log(S/K) + (r + \sigma^2/2)T}{\sigma\sqrt{T}} \\
d_2 &= d_1 - \sigma\sqrt{T} \\
N(x) &= \frac{1}{\sqrt{2\pi}} \int_{-\infty}^{x} e^{-s^2/s}\, ds
\end{aligned}
\qquad (3.32)
$$

여기에서 $N(x)$은 표준 정규 분포의 누적 확률 분포 함수[cumulative distribution function]다. 식에서 Ke^{-rT}가 만기가 T이고 액면 금액이 K인 할인채의 가격인 것에 주의하면 콜옵션이 $N(d_1)$주의 주식과 $N(d_2)$좌의 이표채의 포트폴리오로 구성되는 것을 알 수 있다.

같은 방법으로 풋옵션의 만기 수익 구조 $\max(K - S_T, 0)$에 대해 방정식의 해를 구해 풋옵션의 가격을 계산할 수 있다.[14]

$$
\mathsf{P}(S,0) = Ke^{-rT}N(-d_2) - SN(-d_1) \qquad (3.33)
$$

그림 3.4에 현재 주가의 변화에 따른 콜옵션과 풋옵션의 가격의 일반적인 형태를 나타냈다.

그림 3.5에서 그릭[Greek]이라고 하는 옵션 가격의 민감도의 정의와 바닐라 옵션의 경우에 그릭의 부호를 나타냈다. 그릭의 부호가 양인 경우를 롱[long]으로 표현하고, 음인 경우를 숏[short]으로 표현한다. 예를 들어서 바닐라 옵션은 롱감마이면서 롱베가다. 그리고 콜옵션의 경우에 숏세타다. 롱과

---

13. $x = \log S$를 이용해 방정식을 상수 계수로 변환한 후에 x에 대해 퓨리어 변환을 하거나 t에 대해 라플라스 변환을 하면 해를 구할 수 있다. 계산 과정은 퓨리어 변환이 보다 더 간단하다.

14. 풋-콜 패리티[put-call parity]인 $\mathsf{C} - \mathsf{P} = S - Ke^{-rT}$를 사용해도 콜 옵션의 가격에서 구할 수도 있다.

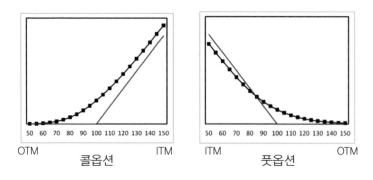

옵션 가격 = 내재 가치 + 시간 가치

그림 3.4 현재 주가 변화에 따른 콜옵션과 풋옵션의 가격. 빨간색 선은 만기 수익 구조를 나타낸다.

숏의 표현은 일반적으로 매수를 롱, 매도를 숏으로 표현하는 것이 일반적이며 장부에 매수를 양수로, 매도로 음수로 표기하므로 일관성을 갖게 된다. 그릭을 롱-숏을 이용해 표현함으로써 그릭을 거래할 수 있는 것으로 친숙하게 다룰 수 있게 된다.

대부분의 그릭 부호는 그림 3.4에 있는 옵션 가격의 그래프에서 자명하지만 $\rho_c > 0$을 주의해야 한다. 일반적으로 금리가 상승하면 주가는 하락해 콜옵션의 가격은 하락하고 풋옵션의 가격은 상승한다. 그리고 미래 가격을 할인하는 금리가 상승했으므로 바닐라 옵션의 가격은 하락한다. 그러므로 콜옵션의 가격은 하락하고, 풋옵션의 가격은 금리가 작용하는 두 가지 요소가 다르게 작용해 결정할 수 없다. 결론적으로 $\rho_c < 0$은 직관적으로 자연스러운 결과다. 하지만 블랙-숄즈의 공식에서는 이와 반대의 결과를 가진다. 금리의 영향이 앞에서 설명한 것과 다른 메커니즘으로 주가에 영향을 주기 때문이다.

식 (3.32)의 옵션 가격은 발행자가 옵션을 발행하고 주식을 이용해 연

Delta $\left(\Delta = \dfrac{\partial f}{\partial S} \right)$: $\dfrac{\text{옵션 가격의 변화분}}{\text{기초자산 가격의 변화분}}$ $\qquad (\Delta_c > 0, \Delta_p < 0)$

Gamma $\left(\Gamma = \dfrac{\partial^2 f}{\partial S^2} \right)$: $\dfrac{\text{델타의 변화분}}{\text{기초자산 가격의 변화분}}$ $\qquad (\Gamma > 0)$

Vega $\left(\nu = \dfrac{\partial f}{\partial \sigma} \right)$: $\dfrac{\text{옵션 가격의 변화분}}{\text{변동성의 변화분}}$ $\qquad (\nu > 0)$

Theta $\left(\Theta = \dfrac{\partial f}{\partial t} \right)$: $\dfrac{\text{옵션 가격의 변화분}}{\text{시간의 변화분}}$ $\qquad (\Theta_c < 0)$

rho $\left(\rho = \dfrac{\partial f}{\partial r} \right)$: $\dfrac{\text{옵션 가격의 변화분}}{\text{금리의 변화분}}$ $\qquad (\rho_c > 0, \rho_p < 0)$

그림 3.5 바닐라 옵션의 그릭. 하첨자 c와 p는 각각 콜옵션과 풋옵션을 의미한다.

속적으로 동적 델타 헤지를 하고 있는 상황에서의 가격이다. 델타 헤지를 이용해 주가의 움직임에 대해 무관한 포지션을 만들기 때문에 주가 모형 GBM에 있는 외생 변수 μ가 옵션 가격과 무관하게 된다. 그러면 델타 헤지를 하지 않는 일반 투자자에게는 식 (3.32)의 옵션 가격은 의미가 있는 것일까?

델타 헤지를 하지 않는 일반 투자자의 경우에는 주식을 투자하는 것과 같이 μ를 고려해야 한다. 즉 μ의 기댓값이 큰 경우에 콜옵션을 매수하고 μ의 기댓값이 작은 경우에는 매도해야 한다. 그러므로 시장에는 블랙-숄즈 공식을 인지하지 않는 거래자가 많고 이들의 세력이 커지면 시장 가격은 블랙-숄즈 공식에서 멀어지게 된다. 이때 시장 조성자$^{\text{market maker}}$가 차익 거래^{arbitrage}를 누리게 된다. 옵션의 사장가가 블랙-숄즈의 공식에 비해 고평가되면 옵션을 매도한 후에 델타 헤지를 하고, 반대로 저평가된 경우에는 옵션을 매수하고 델타 헤지를 한다. 이러한 시장 조성자의 활동으로 차익의 기회는 없어지고 시장가는 블랙-숄즈의 이론가로 접근한다.

그러나 시장에서 관찰할 수 없는 변동성을 정확하게 결정할 수 없다는

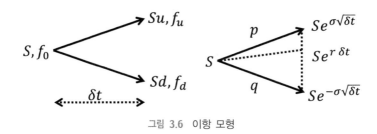

그림 3.6 이항 모형

문제가 아직 남아 있다.

3.5 이항 모형

블랙-숄즈 공식은 발표 후에 월가$^{\text{Wall street}}$의 표준 옵션 공식으로 자리 잡
게 된다. 그러나 연속 델타 헤지라는 현실적으로 구현이 어려운 가정을
기본으로 하고, 논리 전개에 점프가 몇 군데 있기에 계속적인 연구가 진
행됐다. 그중 Cox, Ross and Rubinstein(1979)이 보다 더 직관적이며
수치 계산에 편리한 이항 모형을 제시했다.

그림 3.6에서 보는 바와 같이 현재 주가가 S일 때 δt 후의 주가가 오직
2개만을 가진다고 가정한다. 현재 주가 대비 $u > 1$배가 되는 경우를 상승
상태$^{\text{up state}}$, $d < 1$배가 되는 것을 하락 상태$^{\text{down state}}$라고 하겠다. 무위험
이자율이 r일 때 $d \leq e^{r\delta t} \leq u$를 만족하지 않으면 차익 거래가 발생한다.
즉 $e^{r\delta t} < d$이면 은행에서 대출을 받아서 주식을 사고, $u < e^{r\delta t}$이면 주
식을 공매도해 생긴 현금을 은행에 예금하면 차익 거래가 된다.

현재 옵션 가격을 f_0라 하고, δt 후의 옵션 가격을 상승 상태에 f_u, 하
락 상태에서 f_d라고 가정한다. 이제 현재 시점에서 옵션을 매도하고 주식
을 Δ주 보유하고 있는 포트폴리오를 생각한다.

$$\Pi = -f + \Delta S \tag{3.34}$$

포트폴리오의 Δ는 δt후에 포트폴리오의 가치가 상승 상태일 때와 하락 상태일 때가 같은 값을 가지도록 한다. 즉 주가의 움직임에 무관한 포트폴리오가 되도록 주식을 보유해 다음을 만족한다.

$$-f_u + \Delta S u = -f_d + \Delta S d \tag{3.35}$$

이 조건에서 Δ는 다음을 만족하며 근사적으로 블랙-숄즈의 델타와 일치하는 것을 알 수 있다.

$$\Delta = \frac{f_u - f_d}{S(u - d)} \approx \frac{\partial f}{\partial S} \tag{3.36}$$

이제 포트폴리오의 δt후의 가치는 주가 움직임에 무관하므로 이를 할인해 구한 값이 현재 가치와 일치해야 한다.

$$-f_0 + \Delta S = e^{-r\delta t}(-f_u + \Delta S u) \tag{3.37}$$

식 (3.36)를 대입해 정리하면 최종적으로 다음을 얻는다.

$$
\begin{aligned}
f_0 &= e^{-r\delta t}(pf_u + qf_d) \\
p &= \frac{e^{r\delta t} - d}{u - d} \\
q &= 1 - p
\end{aligned}
\tag{3.38}
$$

앞에서 언급한 차익 거래가 없는 상황이면 $0 \le p, q \le 1$을 만족하고 $p + q = 1$이 된다. 그러므로 p, q를 상승 상태와 하락 상태의 확률로 해석할 수 있다. 이를 위험 중립 확률risk neutral probability이라 한다. 그리고 위험 중립 확률이 실현된다고 생각하는 가상의 세계를 위험 중립 세계risk neutral world라고 한다. 따라서 실제로 주가가 상승하거나 하락할 실세계 확률physical probability과 아무런 연관이 없다. 이항 모형을 유도할 때 상승 상태와 하락 상태가 실현될 실제 확률에 대해 아무런 언급을 하지 않았다.

위험 중립 세계는 옵션의 가치 평가를 위해 개발한 수학적인 가상 세계에 불과하다. 위험 중립 확률을 이용해 계산하는 평균값을 $\widetilde{\mathbb{E}}$로 표기하면 $\delta t = T$인 경우에 다음이 만족하는 것을 직접 계산을 통해 확인할 수있다.

$$S = e^{-rT}\widetilde{\mathbb{E}}(S_T)$$
$$f_0 = e^{-rT}\widetilde{\mathbb{E}}(f_T) \tag{3.39}$$

이로써 이항 모형의 경우에 식 (3.24)의 문제점이 해결되고, 자산의 현재가는 미래 현금 흐름의 평균의 할인으로 표현되는 것을 알 수 있다. 여기에서 주의해야 하는 것은 평균을 계산할 때 사용하는 확률은 실세계의 주가 변동에 관한 확률이 아닌 위험 중립 확률이라는 것이다.

위험 중립 확률에서 금리 r이 상승하면 주가가 상승 상태로 갈 확률 p는 커지고 하락 상태로 갈 확률 q는 작아진다. 결국 주가의 평균값이 증가하게 된다. 이것은 실세계에서 금리가 상승하면 주가가 하락할 것이라는 기대와 다른 거동을 보인다.

이항 모형을 유도할 때 주가 모형인 GBM (3.12)를 가정하지 않았다. 그러므로 결정하기 힘든 μ가 도입되지 않는다. 상승한 폭과 하락한 폭을 의미하는 u와 d를 다음의 관계로 정의해 변동성 σ를 도입한다.

$$u = \exp(\sigma\sqrt{dt})$$
$$d = 1/u \tag{3.40}$$

로그 수익률이 다음을 만족하는 것을 직접 계산으로 얻을 수 있어서 $\delta t \ll$

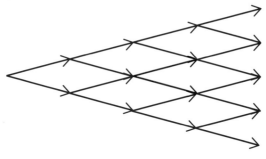

그림 3.7 다단계 이항 모형

1인 경우에 변동성의 정의와 일치하는 것을 볼 수 있다.

$$\widetilde{\mathbb{E}}\left[\log(S_{\delta t}/S)\right] = O(\delta t)$$

$$\widetilde{\mathbb{E}}\left[\log(S_{\delta t}/S)\right]^2 = \sigma^2 \delta t \qquad\qquad (3.41)$$

$$\widetilde{\mathrm{Var}}\left[\log(S_{\delta t}/S)\right] = \sigma^2 \delta t + o(\delta t)$$

실제로 옵션을 수치적으로 근사해를 구하고자 이항 모형을 사용할 때 δt 를 옵션의 만기로 설정해야 한다. 그렇게 해야 옵션의 만기 수익 구조에서 f_u와 f_d를 결정할 수 있다. 이는 오차가 매우 심해 거의 쓸모 없는 근사 다. 이러한 오차를 줄이고자 그림 3.7과 같이 반복적인 다단계 이항 모형 을 사용한다. δt를 충분하게 줄이면, 만기까지 시간 진전을 하기 위해서는 이항 모형의 단계가 증가하게 된다. 주가는 현재 시점에서 만기까지 전진 방향forward으로 생성을 하고, 만기의 주가를 이용해 옵션의 수익 구조에서 만기의 옵션 가격을 결정한다. 이를 이용해 후진 방향backward으로 옵션 가격을 현재 시점까지, 위험 중립 세계에서 미래 현금 흐름 평균의 할인 공식을 이용해 순차적으로 계산한다.

주가는 전진 방향으로 생성하고, 옵션 가격은 후진 방향으로 결정되는 것은 수치 방법이 바뀌어도 변하지 않는다. 오늘의 주가를 알고 있고 이 를 이용해 미래의 주가를 알고 싶고, 만기의 옵션 가격을 알고 있고 이를 이용해 오늘의 옵션 가격을 알고 싶기 때문이다.

이항 모형은 컴퓨터의 자원이 충분하지 못했던 1990년대와 2000년대 초반에 매우 각광 받던 수치 방법이었다. 그러나 $\delta t \to 0$일 때 수렴이 느리고 진동하는 성질로 해의 안정성이 낮은 편이다. 요즘은 컴퓨터의 자원이 충분하기에 메모리와 계산량이 많지만 보다 안정적인 유한 차분법$^{\text{FDM,}}$ Finite Difference Method을 이용하는 것이 일반적이다. 그렇지만 이항 모형은 옵션 평가의 본질을 간단하게 설명하므로 교육적으로 여전히 중요하다. Shreve(2005)를 참고하면 좋다.

3.6 마팅게일 이론

다단계 이항 모형은 수치적으로 연속 모형의 근사로 사용할 수 있지만, 연속 모형의 완벽한 이론 전개로서는 한계를 가진다. 특히 이항 모형에서는 주가의 GBM 모형을 사용하지 않았다.

연속 모형에서 가장 큰 어려움은 μ를 결정하는 것인데 이항 모형이나 블랙-숄즈 모형에는 이것이 나타나지 않는다. 블랙-숄즈의 공식에서 역산해 μ을 구하면 $\mu = r$가 성립해야 한다. 그러나 이것은 주가 거래를 하는 일반적인 상식에 어긋나는 것이며 식 (3.24)이 성립하는 것을 볼 수 있다. 그러므로 이항 모형에서 나온 위험 중립$^{\text{risk neutral}}$의 개념을 자연스럽게 연속 모형으로 확장해 μ를 자연스럽게 제거하고 싶어 했다.

그러나 이항 모형을 자연스럽게 연속 모형으로 확장하는 것은 쉽지 않았다. 그런 와중에 Harrison and Pliska(1981)가 함수 해석학의 방법으로 금융의 기본 정리$^{\text{Fundamental Theorem of Finance}}$로 불리는 연속 모형의 자산 평가 방법을 제시했다. 그 후에 다양한 형태의 정리들이 발표되고 개발됐지만 구체적인 내용과 증명은 이 책의 범위를 벗어나며 여기서는 계산화폐 ^{numéraire}를 이용한 금융의 기본 정리를 소개한다.

배당 또는 쿠폰을 지급하지 않는 거래 가능한 자산의 가격 $N_t > 0$를 계산화폐라 한다. 그러면 임의의 거래 가능한 자산이 차익 거래가 없으면 자산의 가격 V_t에 대해 V_t/N_t는 마팅게일^{martingale}이 되는 확률이 존재한다.

$$V_0/N_0 = \mathbb{E}^N(V_T/N_T) \tag{3.42}$$

여기에서 평균은 계산화폐 N_t가 생성하는 마팅게일 측도$^{martingale\ measure}$를 이용한 것이며 상첨자를 사용해 구체적으로 표시했다.

계산화폐 N_t가 다음을 만족하는 은행 계좌인 경우가 가장 중요하다.

$$dB_t/B_t = r_t\, dt \tag{3.43}$$

여기에서는 계산화폐의 차이를 뚜렷하게 볼 수 있도록 금리 r_t가 확률 변수임을 가정한다. $B_0 = 1$이라고 가정하면 다음을 얻는다.

$$B_t = \exp\left(\int_0^t r_s\, ds\right) \tag{3.44}$$

이것을 식 (3.42)에 대입하면 자산 평가 공식을 구할 수 있는데, 이를 위험 중립 평가$^{risk\ neutral\ pricing}$라 하며 틸드를 사용해 평균을 표기한다.

$$V_0 = \widetilde{\mathbb{E}}[e^{-\int_0^t r_s\, ds} V_T] \tag{3.45}$$

또 다른 하나의 중요한 계산화폐는 만기가 T인 무이표채 $\mathsf{ZCB}(T)$이다. 이를 이용한 자산 평가 공식은 다음과 같다.

$$V_0 = \mathsf{ZCB}(T)\, \mathbb{E}^T[V_T] \tag{3.46}$$

이것을 T-선도 측도$^{T\text{-forward measure}}$라고 한다. 그리고 만기에서 $\mathsf{ZCB}(T) =$

1인 것에 주의하면 위험 중립 평가인 식 (3.45)에서 다음을 얻는다.

$$\text{ZCB}(T) = \widetilde{\mathbb{E}}[e^{-\int_0^t r_s\,ds}] \tag{3.47}$$

이것을 식 (3.46)에 대입하면 다음의 관계식이 성립한다.

$$V_0 = \widetilde{\mathbb{E}}[e^{-\int_0^t r_s\,ds}]\,\mathbb{E}^T[V_T] \tag{3.48}$$

일반적으로 V_t가 r_t와 밀접한 연관을 갖는 금리 파생상품인 경우에는 식 (3.45)에서는 r_t와 V_T의 결합 확률을 계산해야 하지만, 식 (3.46) 또는 식 (3.48)에서는 결합 확률이 분리돼서 각각의 평균을 구하면 되는 편리함이 있다.

평가하고자 하는 자산의 성질에 따라서 편리한 계산화폐를 사용할 수 있는 것을 보았다. 하지만 이 책의 범위에서는 금리가 하나의 상수로 주어지는 경우에 한정하기 때문에 앞에서 소개한 위험 중립 평가와 T-선도 측도의 평가가 일치한다.

$$V_0 = e^{-rT}\widetilde{\mathbb{E}}[V_T] \tag{3.49}$$

여기서 평균을 구하는 확률이 실세계 확률real world probability이 아니라 위험 중립 확률risk neutral probability이라는 것에 다시 한번 주의해야 한다. 실세계 확률에서는 식 (3.24)이 성립한다. 그러나 위험 중립 확률에서는 주식이 거래 가능한 자산이므로 다음이 성립한다.

$$S_0 = e^{-rT}\mathbb{E}[S_T] \tag{3.50}$$

위험 중립 세계에서 거래되는 일반적인 자산 V에 대해 생각한다. 이 자산은 실세계에서 GBM의 거동을 따른다고 가정한다.

$$dV/V = \mu\,dt + \sigma\,dW \tag{3.51}$$

여기에서 dW는 실세계에서 브라운 운동이다. 거사노프 정리^{Girsanov Theorem}를 이용하면 실세계의 GBM을 위험 중심 세계의 브라운 운동 $d\widetilde{W}$로 변환할 수 있다. 이 변환에서 추세율은 변경되지만 변동성을 변화하지 않는 것에 주의해야 한다. 그래서 위험 중심 세상에서 자산 V는 다음과 같이 표현된다.

$$dV/V = \alpha\, dt + \sigma d\widetilde{W} \tag{3.52}$$

여기에서 추세율 α는 V_t/B_t가 마팅게일이 되는 것을 이용해 결정할 수 있다.

$$\begin{aligned}
\frac{d(V/B)}{V/B} &= \frac{dV}{V} - \frac{dB}{B} - \left(\frac{dV}{V}\right)\left(\frac{dB}{B}\right) + \left(\frac{dB}{B}\right)^2 \\
&= (\alpha - r)\, dt + \sigma d\widetilde{W}
\end{aligned} \tag{3.53}$$

위의 식이 마팅게일이 되려면 $\alpha = r$이 돼야 한다. 그렇지 않으면 V_t/B_t의 평균값이 시간에 따라서 변하게 된다. 결국 위험 중립 세계에 있는 거래 가능한 모든 자산의 추세율은 r이 된다. 금리 r이 상승하면 위험 중립 세계에서 거래되는 모든 자산의 가격이 상승하게 되는 것을 볼 수 있다.

이로써 블랙-숄즈 공식에서 μ가 없어지는 이유를 알게 됐다. 블랙-숄즈가 연속적으로 델타 헤지를 하는 발행자를 기준으로 구한 옵션 공식은 실세계가 아닌 위험 중심 세계에서 미래 현금 흐름의 평균의 할인과 일치한다. 그러므로 거래 가능한 모든 자산은 (금리가 상수인 가정에서) 블랙-숄즈 방정식을 만족하게 된다. 거래가 불가능한 대표적인 것으로는 금리와 변동성이 있다. 따라서 금리 모형과 변동성 모형은 블랙-숄즈 방정식이 아닌 다른 방정식으로 모델링해야 한다.

마지막으로 금융의 기본 정리의 간단한 응용으로 차익 거래가 없는 상황에서 행사가에 따른 콜옵션의 가격이 만족하는 부등식에 대해 살펴본다.

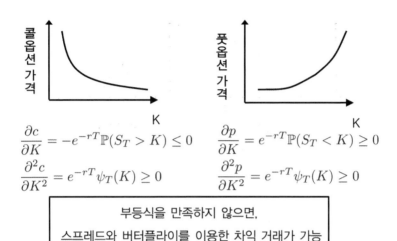

$$\frac{\partial c}{\partial K} = -e^{-rT}\mathbb{P}(S_T > K) \leq 0 \qquad \frac{\partial p}{\partial K} = e^{-rT}\mathbb{P}(S_T < K) \geq 0$$

$$\frac{\partial^2 c}{\partial K^2} = e^{-rT}\psi_T(K) \geq 0 \qquad \frac{\partial^2 p}{\partial K^2} = e^{-rT}\psi_T(K) \geq 0$$

부등식을 만족하지 않으면,
스프레드와 버터플라이를 이용한 차익 거래가 가능

그림 3.8 무차익 거래를 만족하는 바닐라 옵션 행사가에 대한 부등식

식 (3.49)을 콜옵션에 대해 적용하면 다음을 얻는다.

$$C = e^{-rT}\widetilde{\mathbb{E}}(S_K - K)^+ \tag{3.54}$$

이를 행사가에 대해 한 번 미분 그리고 두 번 미분을 하면 다음을 얻는다.

$$\frac{\partial C}{\partial K} = -e^{-rT}\mathbb{P}(S_T > K) \leq 0 \tag{3.55a}$$

$$\frac{\partial^2 C}{\partial K^2} = e^{-rT}\psi_T(K) \geq 0 \tag{3.55b}$$

여기에서 $\psi_T(K)$는 확률 밀도 함수를 의미하고, 확률과 확률 밀도 함수가 음수가 아니라는 조건에서 부등식이 유도된다. 식 (3.55a)이 만족하지 않는다고 가정하면 적절한 행사가 K_i에 대해 $C_i = C(K_i) < C_{i+1} = C(K_i + \delta K)$를 만족하는 옵션 가격이 존재한다. 그러면 행사가 K_i의 콜옵션을 매수하고 행사가 $K_i + \delta K$의 콜옵션을 매도하면 $-C_i + C_{i+1} > 0$의 현금이 유입되면서 스프레드^{spread} 포지션이 된다(그림 3.9 참조). 콜 스프레드의 만기 수익 구조는 손실이 발생하지 않기 때문에 이 거래는 차익

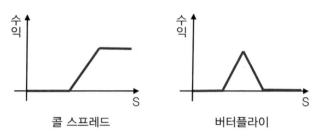

콜 스프레드   버터플라이

그림 3.9 콜 스프레드와 버터플라이의 만기 수익 구조

거래가 된다. 그러므로 차익 거래가 없는 상황에서는 식 (3.55a)를 만족한다.

식 (3.55b)가 만족하지 않는다고 가정하면 적절한 행사가 K_i에 대해 $C_{i-1} - 2C_i + C_{i+1} < 0$을 만족하는 옵션 가격이 존재한다. 그러면 행사가 K_{i-1}과 K_{i+1}의 옵션을 1개씩을 매수하고 K_i의 옵션 2개를 매도하는 버터플라이^{butterfly} 포지션을 형성하면 현금 $2C_i - C_{i-1} - C_{i+1} > 0$이 유입된다. 그리고 버터플라이 포지션은 만기에 손실이 발생하지 않기 때문에 이 거래는 차익 거래다(그림 3.9 참조). 그러므로 식 (3.55b)가 성립해야 한다. 지금까지는 콜옵션을 논의했지만 풋옵션도 같은 논리를 적용할 수 있다. 그림 3.8에 콜옵션과 풋옵션에 대해 행사가에 따른 옵션 가격이 만족해야 하는 부등식을 정리했다.

4장

델타 헤지의 운용 성과

4.1 옵션 복제 이론

블랙-숄즈 방정식의 가장 중요한 결과는 옵션 복제 이론^{option replication theory}이다. 만기에 비선형 수익 구조를 갖는 옵션을 선형 상품인 주식을 이용해 연속적으로 델타 헤지를 하고, 남은 현금을 예금(또는 채권에 투자)하고 부족한 현금은 대출(또는 채권 발행)해 만기까지 계속하면 옵션 만기 시에 발행한 옵션의 부채와 주식과 현금으로 구성된 자산이 일치한다는 것이다. 더 나아가 자산과 부채가 만기에만 일치하는 것이 아니라 발행 시점부터 옵션의 만기 시까지 자산이 부채를 정확하게 복제한다는 이론이다.[1]

이것은 컴퓨터를 이용해 간단하게 시뮬레이션할 수 있다. 그림 4.1에

---

1. 이 주장은 머튼^{Merton}이 처음 했고 아이러니하게도 블랙은 끝까지 옵션 복제 이론을 받아들이지 않았다. 여기에 대한 에피소드는 『퀀트, 물리와 금융에 관한 회고』(승산, 2007)에 소개돼 있다.

Set Δ_0, $D_0(\text{cash deposit}) = f_0 - \Delta_0 S_0$,

$\quad \Pi_0 = \Delta_0 S_0 + D_0 = f_0$

For each new time $t = (i+1)\delta t$

$\quad$ Observe new asset price S_{i+1}

$\quad$ Compute Δ_{i+1}

$\quad$ Set $D_{i+1} = (1 + r\delta t)D_i - (\Delta_{i+1} - \Delta_i)S_{i+1}$

$\quad$ New portfolio value $\Pi_{i+1} = \Delta_{i+1}S_{i+1} + D_{i+1}$

end

그림 4.1 동적 헤지의 시뮬레이션. f는 부채인 옵션의 각격을 의미하고, Π는 주식과 예금으로 구성된 자산 포트폴리오를 의미한다.

서 동적 헤지를 시뮬레이션하는 알고리즘을 소개한다. GBM을 이용해 가상의 주가를 생성하고 델타에 따른 주식 매매 시에 필요한 현금 계정을 잘 관리하면 된다. 그림 4.2는 시뮬레이션의 결과다.

블랙-숄즈의 복제 이론은 $\delta t \to 0$인 연속 헤지를 가정하지만 시뮬레이션에서는 $\delta t = 1/250$으로 작은 값이지만 영이 아닌 값을 사용한다. 그러므로 현실적으로 불가능한 연속 헤지에 대한 이산 헤지의 오류가 발생한다. 이런 오류는 δt를 보다 작은 값으로 두면 점점 작아지는 것을 볼 수 있다. 이산 헤지의 오류를 무시하면 그림 4.2에서 부채인 옵션의 가격과 주식과 현금으로 구성된 자산의 가격이 발행 시점부터 만기까지 잘 일치하는 것을 볼 수 있다.

여기서 주의해야 하는 것이 있다. 수학에서는 변동성 σ가 외생 변수 exogeneous variable로서 값을 알고 있다고 가정하고 있다. 그림 4.1의 시뮬레이션에서는 숨어 있는 변동성이 3개 있다. 발행 시점에 옵션을 매도해 받는 프리미엄 f_0에 대한 변동성과 GBM의 주가를 생성할 때 사용하는 변동성 그리고 델타를 계산하고자 블랙-숄즈의 공식에 대입한 변동성이 있다.

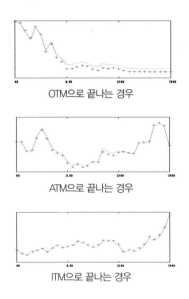

OTM으로 끝나는 경우

ATM으로 끝나는 경우

ITM으로 끝나는 경우

- 옵션의 이론가와 헤저(hedger)가 보유하고 있는 자산 가격은 일치

- 기초자산의 델타 헤징으로 옵션을 복제할 수 있음

- 단, 변동성들은 모두 일치해야 함

- 변동성은 프리미엄과 델타 계산 시에 사용(헤저가 조정 가능)

- 기초자산의 실현 변동성 또한 중요함(헤저가 조정 불가능)

그림 4.2 옵션 복제 이론. 녹색의 실선은 옵션인 부채를 나타내고 빨간색 점은 자산을 의미한다.

수학에서는 이 모든 변동성이 일치하고 값을 미리 알고 있다고 가정한다. 이런 상황에서만 옵션 복제 이론은 성립한다.

현실의 상황은 다르다. 우선 변동성의 값이 알려져 있지 않다. 주식 GBM 모델에는 2개의 외생 변수 μ와 σ를 포함해, 가장 결정하기 어려운 μ를 블랙-숄즈 공식에서는 연속 델타 헤지로, 마팅게일 이론에서는 위험 중립 세계를 이용해 제거했다. 그러나 남아 있는 σ 또한 시장에서 직접 관찰할 수 없다. 그래서 상황에 따라서 여러 가지 변동성의 값이 나타난다.

위 시뮬레이션의 설명에서 고려해야 하는 변동성이 3개가 있는 것을 알 수 있다. 다시 정리하면 다음과 같다.

1. 발행 시 옵션의 시장가에 포함된 내재 변동성implied volatility $\hat{\sigma}$

2. 발행 시부터 만기까지 주식의 움직으로 실현되는 실제 변동성actual

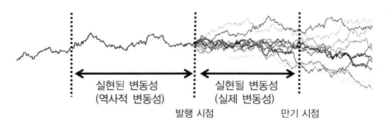

실현된 변동성
(역사적 변동성)

실현될 변동성
(실제 변동성)

발행 시점   만기 시점

그림 4.3 실제 변동성과 역사적 변동성

volatility σ_a 또는 실현 변동성 realized volatility

3. 발행 시부터 만기까지 델타 헤지를 위해 블랙-숄즈 공식에 대입할 헤지 변동성 hedging volatility σ_h

주식의 과거 주가를 이용해 식 (3.14)에서 구한 변동성을 역사적 변동성 historical volatility이라고 한다.

시장에서 옵션이 활발하게 거래되면 시장 가격에서 블랙-숄즈 공식을 역산해 내재 변동성을 구할 수 있다. 내재 변동성은 블랙-숄즈 공식이 시장 가격을 재현하는 변동성 값이다. 역사적 변동성과 함께 시장에서 관찰할 수 있는 값이며, 발행자가 임의로 결정할 수 없다. 실현(될) 변동성은 옵션의 발행 시점부터 만기까지 주가가 만드는 변동성이다. 옵션 발행 시에는 실현(될) 변동성이 무슨 값이 될지 알 수 없지만, 만기 시점에서는 단지 역사적 변동성에 불과하다. 식 (3.14)에 사용하는 주가가 알려진 과거의 값이면 역사적 변동성이고 아직 알지 못하는 미래의 값이면 실현(될) 변동성이다(그림 4.3 참조).

헤지 변동성은 발행자가 델타 헤지를 하기 위해 블랙-숄즈 공식에 대입하는 변동성의 값이다. 헤지 변동성은 발행자가 결정해야 하는 값이며 어떤 값을 사용하는 것이 좋은지를 뒤에서 계속 논의한다.

위의 변동성 3개 중에서 수학에서 말하는 GBM의 변동성 상수에 해당하는 것은 실현 변동성이다. 옵션 발행 시점에 이 값을 알 수 없기에 변동성에 대한 다른 개념이 나오게 된 것이다. 미래의 값인 실현 변동성을 안다고 가정하면 내재 변동성과 실현 변동성 간의 차익 거래가 존재한다. 시장에서 거래되는 옵션의 내재 변동성이 실현 변동성보다 큰 경우에는, 옵션을 내재 변동성으로 발행하고 실현 변동성을 이용해 델타 헤지를 하면 옵션 복제 이론에 의해 내재 변동성과 실현 변동성의 차이만큼 이익을 누릴 수 있다. 반대로 내재 변동성보다 실현 변동성이 더 큰 경우에는 내재 변동성의 가격으로 옵션을 매수하고 실현 변동성으로 델타 헤지를 하면 된다. 결국 이런 차익 거래의 압력으로 내재 변동성은 실현 변동성으로 수렴하게 된다.

하지만 현실에서는 실현 변동성의 값을 알지 못하고 기댓값만 존재한다. 투자자는 실현 변동성의 기댓값을 갖고 이와 내재 변동성을 비교해 옵션을 매도 또는 매수한다. 이는 차익 거래가 아니고 향후에 실현될 변동성에 대해 베팅을 한 포지션이다. 즉 옵션을 매도하면 실현 변동성이 적어지기를 기대하고, 매수하면 실현 변동성이 커지기를 기대한다. 결국 내재 변동성을 실현(될) 변동성의 기댓값에 대한 시장 참여자들의 합의consensus 로 해석할 수 있다.

실현 변동성은 옵션 발행 시점부터 만기까지의 미래 주가의 로그 수익률의 표준편차다. 옵션의 만기가 다양하게 주어지고 주가 데이터는 동질homogeneous이 아니므로 변동성은 하나의 상수 값이 아니라 금리와 같이 만기에 따른 기간 구조term structure를 갖게 된다. 예를 들어 1M 변동성과 1Y 변동성은 다를 수 있다.

만기 $\tau_1 < \tau_2$에 대응하는 변동성을 각각 σ_1, σ_2라 두고, 시간 간격 δt에 따른 만기까지의 일수를 각각 $N_1 = \tau_1/\delta t, N_2 = \tau_2/\delta t$라 둔다.

식 (3.14)에서 다음을 얻는다.

$$\sigma_2^2 \, \tau_2 = \sum_{i=1}^{N_2} R_i^2$$
$$= \sum_{i=1}^{N_1} R_i^2 \;\; + \sum_{i=N_1+1}^{N_2} R_i^2 \tag{4.1}$$
$$= \sigma_1^2 \, \tau_1 + \sigma_f^2 \, (\tau_2 - \tau_1)$$

이 식을 분산의 가산성^{additivity}이라 하고, 새로 정의한 σ_f를 만기 구간 τ_1 과 τ_2 사이의 선도 변동성$^{forward\ volatility}$이라 한다.[2]

$$\sigma_f^2 = \frac{\sigma_2^2 \, \tau_2 - \sigma_1^2 \, \tau_1}{\tau_2 - \tau_1} \tag{4.2}$$

기간 구조를 갖는 금리에서 선도 금리$^{forward\ rate}$과 같은 개념을 가진다. $\tau_2 - \tau_1 > 0$이고 $\sigma_f^2 \geq 0$이므로 기간 구조를 갖는 변동성은 다음 조건을 만족 해야 한다.

$$\sigma_1^2 \tau_1 \leq \sigma_2^2 \tau_2 \tag{4.3}$$

4.2 헤지 운용의 일일 손익

여기서는 델타 중립 포지션이 δt 동안에 주가가 움직임에 따른 손익을 분 석해 헤지 변동성과 실현 변동성이 일일 손익에 미치는 영향을 조사한다. 이러한 손익의 발행 시점부터 만기까지의 합계가 발행자의 최종 헤지 성 과로 나타나게 되는데 이는 7.3장에서 다시 설명한다.

블랙-숄즈 이론에서는 $\delta t \rightarrow 0$인 연속 델타 헤지를 가정하고 있지만,

---

2. 금융에서 많이 사용하는 선도^{forward}는 미래^{future}와 다른 의미를 가진다. 미래는 시간 이 흘러서 실제로 실현되는 값으로 현재에서는 알 수 없는 확률 변수로 표현된다. 이에 반해 선도는 현재 시장 가격에서 거래를 통해 확정할 수 있는 미래 값을 의미한다.

이것은 실현 불가능하며 일반적으로 $\delta t = 1\text{Day}$ 또는 이보다 짧은 유한한 시간을 의미한다. 그러므로 현실의 델타 헤지는 이산 델타 헤지일 수밖에 없다. 이러한 이산 델타 헤지와 연속 델타 헤지의 오차는 8.2장에서 설명한다.

헤지 운용의 일일 손익은 주식의 움직임이 중요하고 금리의 영향은 미미하기 때문에 여기서는 금리의 영향을 무시해 $r = 0$으로 가정한다. 금리가 $r = 0$일 때 블랙-숄즈 방정식을 그림으로 나타내면 다음이 된다.

$$\Theta + \frac{\sigma_h^2}{2} S^2 \Gamma = 0 \tag{4.4}$$

여기에서 감마와 세타가 균형을 이루며 부호가 서로 반대인 것을 확인할 수 있다.

우선 숏감마 포지션인 그림 4.4를 살펴본다. 그림은 콜옵션을 매도하고 델타 중립의 포지션을 나타내고 있다. 이 포지션이 숏감마임에 주의해야 한다. 앞에서 그릭의 부호에 따라서 양수이면 롱, 음수이면 숏으로 표현한다고 설명했다. 옵션의 그래프가 밑으로 볼록하므로 롱감마인 것으로 보이지만, 옵션 매도 포지션이므로 다시 음수를 곱해서 숏감마가 된다. 일반적으로 옵션의 만기 수익 구조는 투자자를 대상으로 표현하고 그림은 발행자를 대상으로 생각하는 것이 일반적이다. 투자자는 만기 수익 구조에만 관심을 갖고 그릭은 중요하게 여기지 않기 때문이다.

그림 4.4의 사각형에 자산과 부채를 합한 그래프를 나타냈다. 일차 미분인 델타가 0이고 이차 미분인 감마가 음수이므로 아래로 볼록한 포물선 모양이 된다. 식 (4.4)에서 숏감마이면 롱세타를 의미한다. 이는 주가의 변동이 없다면 $t + \delta t$에서 부채의 가격이 하락해 포트폴리오의 가격이 상승하면서 수익 $-\Theta \delta t$가 발생한다.

그러나 숏감마 포지션에서 주가가 움직이면 손실이 발생하는 것을 포물선의 그래프에서 확인할 수 있다. 일차 미분값과 이차 미분값을 이용하

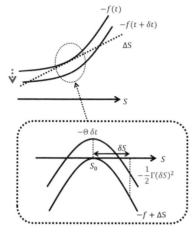

- 시간 가치에 의한 손익: $-\theta\,\delta t$
- 주가 변동에 의한 손익: $-\frac{1}{2}\Gamma\,(\delta S)^2$
- 헤저의 손익

$$-\theta\,\delta t - \frac{1}{2}\Gamma\,(\delta S)^2$$

$$= \frac{1}{2}\sigma_h^2\,S^2\,\Gamma\,\delta t - \frac{1}{2}\Gamma\,(\delta S)^2$$

$$= \frac{1}{2}\Gamma\,\{\sigma_h^2\,S^2\,\delta t - (\delta S)^2\,\}$$

- BEP: $\delta S = \sigma_h S\,\sqrt{\delta t}$

$$\delta S < \sigma_h S\,\sqrt{\delta t} : 이익$$

$$\delta S > \sigma_h S\,\sqrt{\delta t} : 손실$$

그림 4.4 숏감마 포지션의 손익 분석

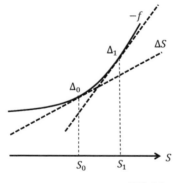

- $\Gamma > 0$
- $S_0 < S_1 \Rightarrow \Delta_0 < \Delta_1$
- Sell Low and Buy High $\Rightarrow$ 손실 발생, 초기에 프리미엄 수취
- 델타 헤징으로 기초자산의 변동성이 증가할 개연성 있음
- 변동성이 증가하면 헤저의 손실 발생

그림 4.5 숏감마의 델타 헤지

면 주가가 δS 움직일 때 손실 금액은 $-\Gamma(\delta S)^2/2$이다. 전체 손익은 금리의 영향을 무시한 상황에서 세타 이익과 감마 손실의 합으로 주어진다.

$$\delta\Pi = -\Theta\delta t - \frac{1}{2}\Gamma(\delta S)^2 \tag{4.5}$$

여기에서 Θ와 Γ는 헤지 변동성 σ_h에 의해서 계산된 값으로 식 (4.4)를 만족한다. 식 (3.19)에서 주가의 변동을 $(\delta S)^2 = \sigma_a^2 S^2 \delta t$을 이용해 실현 변동성 σ_a로 나타낼 수 있다.

$$
\begin{aligned}
\delta\Pi &= \frac{\sigma_h^2}{2}S^2\Gamma\delta t - \frac{1}{2}\Gamma(\delta S)^2 \\
&= \frac{S^2\Gamma}{2}\left\{\sigma_h^2\delta t - \left(\frac{\delta S}{S}\right)^2\right\} \\
&= \frac{S^2\Gamma}{2}\left\{\sigma_h^2 - \sigma_a^2\right\}\delta t
\end{aligned}
\tag{4.6}
$$

$\Gamma > 0$이므로 주가의 변동이 $\delta S < \sigma_h S\sqrt{\delta t}$이면 수익이 나고 $\delta S > \sigma_h S\sqrt{\delta t}$이면 손실이 난다. 이를 실현 변동성으로 표현하면 $\sigma_a < \sigma_h$이면 수익이 나고 $\sigma_a > \sigma_h$이면 손실이 난다. 결국 실현 변동성이 헤지 변동성에 비해 작아지기를 기대하는 포지션이다. 이것은 롱베가인 옵션을 매도한 숏베가 표지션에서 변동성이 감소해 수익이 발생하는 것과 일치한다.

식 (4.6)에서 나타난 $S^2\Gamma/2$를 달러 감마$^{\text{dollar gamma}}$ 또는 현금 감마$^{\text{cash gamma}}$라고 한다. 주가 수익률 1%에 해당하는 감마 손익을 의미한다. 감마 손익이 주가 수익률의 부호는 중요하지 않고 수익률의 제곱에 비례하는 것을 주의해야 한다.

달러 감마는 실현되는 주가 경로에 의존하기 때문에 델타 헤지의 운용 손익은 주가가 실현되는 경로에 의존하게 된다. 만기 시점에서 발행 시점부터 계산한 실현(된) 상수 변동성 σ_a가 헤지 변동성의 상수 값인 σ_h와 같을지라도 매일매일의 실현(된) 변동성이 헤지 변동성과 차이가 있고, 그 차이가 달러 감마에 의해 달라지기 때문에 만기 시점의 손익은 0이 되지 않는다.

식 (4.6)에서 $\sigma_h > \sigma_a$이면 수익이 난다. 그런데 σ_h는 블랙-숄즈 공식을 계산하는 발행자가 결정하는 값이다. 지금까지 σ_h에 대한 다른 특별한 구속 조건이 없다. 그러면 σ_h를 σ_a에 비해 충분히 큰 값을 사용하면 항상 수익이 나는 것인가? 일반적으로 $\sigma_a \approx 20\%$ 정도이므로 $\sigma_h = 100$를 사용하면 어떻게 될까?

식 (4.6)은 옵션을 매도하고 매일 델타 헤지를 하고 있을 때의 손익이다. $\sigma_h = 100$을 사용하면 식 (4.6)에서는 이익이 발생한다. 그러나 옵션 복제 이론에서 $\sigma_h = 100$에 해당하는 프리미엄을 받고 옵션을 매도했어야 했다. 옵션의 프리미엄은 $\hat{\sigma}$에 해당하는 프리미엄을 받았기 때문에 거래일에 큰 손실이 발생하고, 이를 하루하루 조금씩 수익 인식을 하는 것이다. $\sigma_h = \hat{\sigma}$을 사용하면 거래일에 손익이 발생하지 않는다. 이에 대한 자세한 논의는 7.3장과 부록 A에서 다시 언급한다.

그림 4.5는 숏감마 포지션에서 이산 델타 헤지를 계속하는 경우이다. 그림에서 보듯이 주가가 상승하면 델타가 증가해 주식을 추가 매수하고 주가가 하락하면 델타가 감소해 매도해야 한다. 결국 비싼 가격에 주식을 사고 싼 가격에 주식을 팔게 된다. 이런 매매를 계속하면 손실이 발생하며 이러한 손실을 초기에 옵션을 발행해 받는 프리미엄으로 보상해야 한다. 그러므로 옵션의 프리미엄은 양수여야 한다.

추가적으로 기초자산의 유동성이 작아서 델타 헤지를 하는 주식의 물량이 사장을 교란하면, 상승하는 주식을 매수해 더 상승하게 하는 압력으로 작용하고, 하락하는 주식을 매도해 더 하락하게 하는 압력으로 작용한다. 이로 인해 주식의 변동성은 더 증가하게 되고, 실현 변동성의 증가는 델타 헤지를 하는 발행자에게 손실로 인식된다. 결국 기초자산의 유동성은 헤지 운용을 하는 발행자에게 매우 중요한 요소가 된다.

그림 4.6과 그림 4.7은 롱감마에 관한 설명이다. 개념은 같지만 롱감

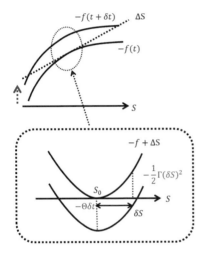

- 시간 가치에 의한 손익: $-\Theta\,\delta t$
- 주가 변동에 의한 손익: $-\frac{1}{2}\Gamma\,(\delta S)^2$
- 헤저의 손익

$$-\Theta\,\delta t - \frac{1}{2}\Gamma\,(\delta S)^2$$

$$= \frac{1}{2}\sigma_h^2\,S^2\,\Gamma\,\delta t - \frac{1}{2}\Gamma\,(\delta S)^2$$

$$= \frac{1}{2}\Gamma\,\{\sigma_h^2\,S^2\,\delta t - (\delta S)^2\,\}$$

- BEP: $\delta S = \sigma_h S\,\sqrt{\delta t}$

$$\delta S > \sigma_h S\,\sqrt{\delta t} : 이익$$

$$\delta S < \sigma_h S\,\sqrt{\delta t} : 손실$$

그림 4.6 롱감마 포지션의 손익 분석

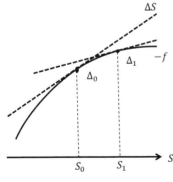

- $\Gamma < 0$
- $S_0 < S_1 \Rightarrow \Delta_0 > \Delta_1$
- Buy Low and Sell High $\Rightarrow$ 이익 발생, 초기에 프리미엄 지급
- 델타 헤징으로 기초자산의 변동성이 감소할 개연성 있음
- 변동성이 감소하면 헤저의 손실 발생

그림 4.7 롱감마의 델타 헤지

마의 경우에는 숏감마의 경우와 완전히 반대가 된다. 설명이 중복되는 것 같아서 생략하겠지만 포지션에 따른 손익에 대한 감각은 중요하기 때문에 그림을 참조해 완전히 이해해 둬야 한다.

5 장

변동성 곡면

5.1 내재 변동성 곡면

블랙-숄즈 공식을 유도할 때 가정한 GBM의 변동성은 앞에서 언급한 여러 가지 변동성 중에서 실현(될) 변동성에 해당한다. 이는 미래에 실현되는 값이므로 옵션 발행 시점에 시장에서 관찰할 수 없다.

옵션 발행 시에 관찰할 수 있는 변동성은 역사적 변동성과 내재 변동성이 있다. 이 두 가지의 변동성을 이용해 향후에 실현될 변동성에 대한 예측과 헤지에 필요한 델타를 구하기 위해 헤지 변동성으로 사용한다.

주식의 과거 주가에서 식 (3.14)을 이용해 계산한 값이 역사적 변동성이다. 이것은 과거의 값이고 실현된 변동성이다. 계산하기 쉬운 장점이 있고 정상 상태의 시장에서는 변동성의 변화가 그다지 크지 않은 것을 고려하면 정상 상태의 시장에서는 실현 변동성의 예측값으로 사용할 수 있다.

그러나 시장이 급변할 것으로 예상되는 순간에는 큰 문제가 있다. 예

로서 코로나 사태나 미중 경제 전쟁, 남북 문제 등의 새로운 금융 쇼크가
발생하면 앞으로 변동성이 증가할 거라는 정성적인 판단이 합리적이지만,
역사적 변동성은 별로 변화가 없다. 새로운 시장 상황이 주가에 충분히
반영이 된 후에야 비로서 역사적 변동성에 반영이 되기 시작한다. 역사적
변동성은 시장 상황에 대해 후행하게 된다.

또 하나의 문제는 금융 쇼크가 안정화되고 다시 정상 상태의 시장으로
돌아온 후에, 쇼크가 발생했던 주가가 식 (3.14)의 계산에서 빠지는 순간에
역사적 변동성은 갑자기 점프가 발생하고 하락하게 된다. 변동성의 점프를
해석하고자 잊혀져 가는 금융 쇼크를 다시 생각해내야 하는 불편함이 있
다. 식 (3.14)을 개선해 지수가중평균^{EWMA}, GARCH$^{Generalized\ AutoRegressive}$
$^{Conditional\ Heteroskedasticity}$, 칼만 필터$^{karman\ filter}$ 등으로 역사적 변동성이 발
전했다.

다른 대안으로 내재 변동성을 사용할 수 있다. 관찰할 수 있는 블랙-
숄즈의 다른 변수를 결정하고, 하나 남은 미지수인 변동성을 활발하게 거
래되고 있는 바닐라 옵션의 시장가를 이용해, 역산으로 계산한 것을 내재
변동성이라 한다. 4장에서 보았듯이 옵션을 시장가로 거래하고 내재 변동
성을 이용해 헤지를 하면 최종 손익은 크게 실현 변동성과 내재 변동성의
차이로 주어진다. 그러므로 (일반 투자자와 달리) 델타 헤지를 하는 옵션 거
래자는 내재 변동성과 실현(될) 변동성의 기댓값이 차이에 의존해 거래를
하게 된다. 결국 내재 변동성은 실현 변동성 기댓값의 (델타 헤지를 하는)
시장 참여자들의 합의로 해석할 수 있다.

시장 상황에 후행하는 역사적 변동성과 달리 내재 변동성은 시장 상
황을 즉각적으로 반영한다. 시장 쇼크에 대한 영향이 활발하게 거래되는
옵션 시장에 즉각적으로 영향을 미치기 때문이다. 그러나 내재 변동성이
라고 해서 실현 변동성을 정확하게 추정하는 것은 아니다. 단지 시장 참
여자들의 합의일 뿐이라는 것에 주의해야 한다. 모든 시장 참여자가 틀릴

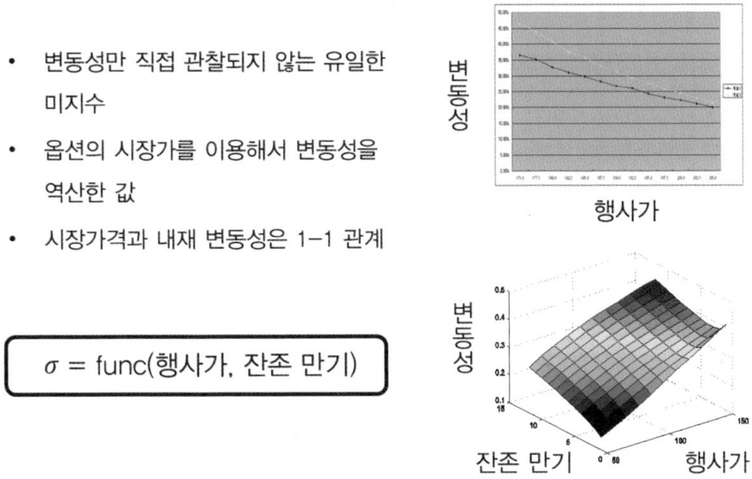

• 변동성만 직접 관찰되지 않는 유일한 미지수
• 옵션의 시장가를 이용해서 변동성을 역산한 값
• 시장가격과 내재 변동성은 1–1 관계
σ = func(행사가, 잔존 만기)
변동성
행사가
변동성
잔존 만기
행사가

그림 5.1 내재 변동성 곡면

수 있다. 주식 선물 가격이 미래 주가에 대한 기댓값이지만 미래 주가에 대한 예측력이 없는 것과 같다.

시장에서 거래되는 옵션은 한 종류가 아니라 만기 T와 행사가 K가 따라서 다양한 종류가 있다. 일반적으로 OTM 옵션이 거래가 활발하다. 행사가가 낮은 쪽은 풋옵션, 높은 쪽은 콜옵션이 많이 거래된다. 그림 5.1 은 옵션의 시장가를 이용해 만기와 행사가에 따른 내재 변동성을 구한 것이다.

앞에서 만기에 따라서 변동성의 값이 달라질 수 있다고 언급했다. 주가의 변동성이 시간에 따라서 다르므로 만기 차이에 따라서 변동성의 값이 차이는 인정할 수 있다. 문제는 만기를 고정하고 같은 만기의 행사가가 다른 옵션의 가격에서 구한 내재 변동성의 값이 다르게 나타난다는 것이다. 이 현상을 스마일^smile^이라 한다. 주식 옵션인 경우에는 스마일이 비대칭으로 나타나서 예전에는 skewed smile이라 하다가 요즘은 줄여서 스큐^skew^라 한다. 주식 파생상품을 주로 다루는 입장에서는 스마일이라는 용어

- 차익 거래 포지션: 높은 변동성의 옵션 매도, 낮은 변동성의 옵션 매수

- OTM put 매도, OTM call 매수/ITM put 매수 포지션

- OTM put 매도 포지션이 헤지가 힘듦

- 해저의 손익은 $\delta\Pi = \frac{S^2}{2}\Gamma\left(\sigma_h^2 - \sigma_a^2\right)\delta t$

- 감마의 값이 가장 큰 영역은 ATM

- $S\downarrow, \sigma\uparrow$ 이므로 OTM put의 ATM에서는 $\sigma_a \gg \sigma_h$

- OTM put 매도 시에 높은 프리미엄을 요구($\sigma_h\uparrow$)

- Skew는 변동성 차익 거래를 허용하지 않음

그림 5.2 스큐는 차익 거래가 불가능

보다 스큐라는 용어를 더 많이 사용한다.

내재 변동성은 실현 변동성의 기댓값이라고 앞에서 언급했다. 실현 변동성은 옵션 발행일부터 만기까지 주가의 (로그) 수익률의 표준편차다. 이것은 옵션 발행일에는 미래의 값이지만 옵션 만기일에는 역사적 변동성이 되는 하나의 숫자다. 스큐는 이러한 하나의 숫자값에 대한 예측값이 옵션의 행사가에 따라서 다른 값을 갖는 것을 의미한다.

내재 변동성은 델타 헤지를 하는 시장 참여자에 의해 실현 변동성의 기댓값에 접근하게 된다. 내재 변동성이 실현 변동성의 기댓값보다 크면/작으면 옵션을 매도/매수한 후에 델타 헤지를 하면 차익을 구할 수 있다. 그러므로 내재 변동성이 행사가에 따라서 달라지는 스큐가 존재한다는 것은 차익 거래의 기회가 존재한다는 것을 의미한다. 큰 내재 변동성을 갖는 낮은 행사가의 옵션을 매도하고 적은 내재 변동성을 갖는 높은 행사가의 옵션을 매수한 포지션은 차익 거래의 기회가 될 것이다(Marabel Romo,

2010).

하지만 이것은 주가가 GBM을 따른다고 가정하는 이론의 결과에 불
과하다. 실제에서는 이런 포지션이 차익 거래가 될 수 없다. 그림 5.2에
서 스큐에서 차익 거래가 불가능한 이유를 설명했다. 일반적으로 주가가
하락할 때 변동성이 증가한다. 주가는 상승할 때는 조금씩 상승하고, 하락
할 때는 폭락하는 경향이 있다. 즉 변동성은 상수가 아니고 주가와 음의
상관 관계를 가진다. 그리고 폭락하는 주가는 연속을 가정하는 GBM과
달리 점프를 포함한다.

내재 변동성이 높은 구간은 행사가가 낮은 OTM 풋옵션이다. 결국 풋
옵션 매도 포지션이 헤지가 어렵기에 발행 물량이 적고 가격이 상승한다.
헤지 운용의 손익은 식 (4.6)으로 나타난다. $\sigma_h = \hat{\sigma}$로 가정하면 OTM
풋옵션의 경우에 평소에는 $\sigma_a < \hat{\sigma}$이므로 수익이 나지만, OTM에서 감마
값이 매우 작아서 이러한 수익은 미미하다. 하지만 주가가 폭락하면서 하
락하면, $\sigma_a > \hat{\sigma}$이 되고 손실이 발생하고 게다가 주가가 하락하면서 행사
가 주위로 가까이 감에 따라 감마값이 증가해 손실은 매우 증폭된다. 결
국 수익은 미미하고 손실은 막대할 것으로 예상된다. 이 차이를 초기 발행
시점의 프리미엄에 전가할 수 있다고 판단될 때 옵션을 매도할 수 있다.

결론적으로 시장에 형성된 내재 변동성의 스큐는 차익 기회가 아니다.
시장의 스큐를 인정해야 한다. 그러면 상수 변동성을 갖는 주가의 GBM
가정에서 시작한 블랙-숄즈 공식에 모순이 발생하게 된다. 이러한 이론
체계에서는 스큐가 차익 기회로 해석되기 때문이다.

과학에서 모형을 만들 때 모형은 간단할수록 좋다. 간단해야 다루기
편하고 분석하기 쉽고 결과를 해석하기도 용이하다. 그러므로 원하는 현
상을 포함하는 가장 간단한 모형이 가장 좋다. 이런 생각을 바탕으로 오캄
의 면도날^{Occam's Razor}이 나온다. 모형에서 불필요한 것을 면도날을 이용해
서 모두 제거하라는 것이다. 그리고 복잡한 모형일수록 틀릴 확률이 높아

A smiley implied volatility is
the wrong number
to put in the wrong formula
to obtain the right price.

Riccardo Rebonato

그림 5.3 내재 변동성 곡면에 관한 레보나토의 평가

진다는 생각이다.

위에서 상수 변동성 GBM과 블랙-숄즈의 연속 델타 헤지 모형은 스큐 현상을 설명하지 못한다. 오캄의 면도날의 입장에서 보면 2개의 모형 중에서 복잡한 모형이 틀린 것이다. 결국 블랙-숄즈의 연속 델타 헤지 모형에 문제가 있다. 현실에서는 연속 델타 헤지를 할 수 없고 이산 델타 헤지만이 가능하기 때문이다.

하지만 시장 참여자들은 반대의 선택을 했다. 블랙-숄즈의 공식은 유지하고 상수 변동성의 GBM을 틀린 모형으로 보고 이를 수정했다. 이렇게 해서 상수 변동성은 만기와 행사를 변수로하는 변동성 곡면volatility surface 으로 바뀐다. 기초자산의 변동성은 옵션의 만기와 행사가에 따라서 다른 변동성을 갖게 된다. 레보나토가 언급한 말이 지금 이 상황을 정확하게 설명해 준다(Rebonato, 2004).

스큐를 갖는 내재 변동성 곡면은 정답을 구하기 위해 엉터리 공식
에 집어넣는 엉터리 숫자다.

그림 5.4와 5.5에서 주식 스큐의 특성과 스큐 생성 원인에 대해 요약했다. 스큐가 발생하는 가장 근본 원인은 행동 경제학behavioral economics에서 말하

- 잔존 만기가 짧을수록 skew가 더 심하다.
- 일반적으로 낮은 행사가의 변동성이 더 크다.
- 짧은 만기의 volvol이 더 크다.
- Vol과 기초자산은 음의 상관관계를 가진다.
- Vol은 mean reverting property를 가진다.
- Vol은 급격히 증가하고 천천히 감소한다.
- 일반적으로 lm Vol은 hi Vol보다 더 큰 값을 가진다.

그림 5.4 주식 스큐의 특성

- 주가가 BS의 예측보다 심한 점프가 있음 $(S \downarrow \rightarrow \sigma \uparrow)$
- 안전 자산 선호 현상(flight to quality)
- 위험 자산은 폭락 시에 투매 현상 ➡ 실현 변동성 폭발
- 주가 하락에 대비해 OTM put을 이용
- OTM put 헤지가 어려움 ➡ OTM put의 가격 상승
- Put-call parity로 ITM call 가격 상승 ➡ 내재 변동성 상승
- Commodity의 경우 OTM call 가격 상승(가격 상승 헤지)

그림 5.5 스큐의 생성 원인

는 안전 자산 선호 현상[flight to quality]이다. 시장이 위기가 왔을 때 모든 시장 참여자들이 동시에 공포를 느끼면서 주식을 투매[dumping]해 주가는 폭락하면서 실현 변동성이 폭발하기 때문이다. 주식보다 안전한 현금으로 갈아타려는 본능이 위기 상황에 발현된 것이다.

실제로 현금보다 안전하다고 여겨지는 금, 원유 등의 원자재는 위험 자산인 주식과 반대의 현상이 발생한다. 원자재[commodity]에서는 안전 자산 선호 현상으로 사재기[panic buying]가 일어나서 가격이 급등하면서 실현 변동성이 폭발하는 현상이 발생한다. 이런 경우에는 OTM 풋옵션보다 OTM 콜옵션의 헤지가 어려워지며 내재 변동성은 행사가가 높을수록 커진다(그

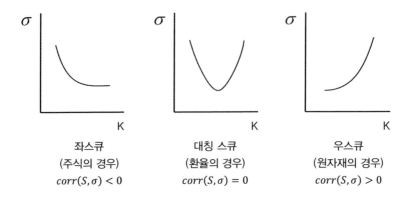

좌스큐   대칭 스큐   우스큐
(주식의 경우)   (환율의 경우)   (원자재의 경우)
$corr(S, \sigma) < 0$ $corr(S, \sigma) = 0$ $corr(S, \sigma) > 0$

skew의 차이는 기초자산과 현금 사이의 **안정성 차이**에서 발생
계산 화폐에 따라 skew 종류가 바뀜
(**원달러**: right skew, **달러원**: left skew)

그림 5.6 스큐의 종류

림 5.6 참조).

　　결국 내재 변동성이 좌스큐를 갖는지 우스큐를 갖는지는 계산화폐[numéraire]
에 비해 기초자산이 안전 자산인지 위험 자산인지에 달려 있다. 안전 자
산인 경우에는 우스큐, 위험 자산인 경우에는 좌스큐가 발생한다. 비슷한
정도의 자산이면 대칭 스큐 또는 스마일이 생긴다. 이런 예로는 비슷한
정도의 신용도를 갖는 국가들의 환율에서 볼 수 있다.

　　또 다른 예로는 환율에서 계산화폐로 사용하는 기준 화폐에 따라서 스
큐의 방향이 바뀌는 것을 볼 수 있다. 원달러[1]에서는 달러가 원화에 비해
안전 자산이므로 우스큐가 생기고, 달러원[2]에서는 원화가 달러에 비해 위
험 자산이므로 좌스큐가 생긴다.

---

1. 1달러의 원화 가치
2. 1원의 달러 가치

옵션 종류	가격 변화
Call spread	상승
Put spread	하락
Up and Out call	상승
Down and In put	상승
ELS	하락

그림 5.7 스큐 변화에 따른 가격의 변화

스큐는 옵션의 가격 결정에 영향을 미친다. 그림 5.7에서 스큐가 증가함에 따른 옵션의 가격 변화를 정리했다. 위의 2개인 콜 스프레드와 풋 스프레드는 쉽게 이해할 수 있다. 스프레드는 같은 옵션 2개의 매수 매도 포지션이기 때문이다.

예로서 콜 스프레드를 살펴보자. 콜 스프레드는 행사가 낮은 콜 매수와 행사가 높은 콜 매도로 구성된다. 스큐가 증가하면 매수한 행사가 낮은 콜의 내재 변동성은 증가해 가격이 상승하고 매도한 행사가 낮은 콜의 내재 변동성은 하락해 가격이 하락한다. 결국 콜 스프레드의 가격은 상승한다.

풋 스프레드는 행사가 높은 풋 매수와 행사가 낮은 풋 매도로 구성되므로 위의 콜 스프레드와 비슷하게 생각하면 스큐가 증가하면 가격이 하락하는 것을 알 수 있다. 그러나 그림 5.7에서 아래의 3개는 이색 옵션으로 바닐라 옵션의 유한개의 조합으로 구성할 수 없다. 스큐의 영향을 조사하려고 스프레드에서 사용한 논리를 그대로 적용할 수 없다. 이러한 문제로 스마일/스큐를 갖는 내재 변동성과 일관성이 있는 평가 모형이 필요하다.

금리의 경우 시장의 이표채 가격에서 채권 평가 공식 (2.5)를 이용해 YTM을 역산해 구할 수 있다. 이렇게 구한 YTM은 이표채의 평가에만

- 블랙–숄즈 모형에 관찰할 수 없는 변수인 변동성을 포함
- 블랙–숄즈 모형의 가정이 실제 상황과 맞지 않음
- 내재 변동성 모형은 이색 옵션 평가가 어려움
- 스큐와 일관성을 가지는 새로운 모형이 필요
    - 국소 변동성 모형
    - 확률 변동성 모형
    - 점프 모형
- 금리의 YTM에서 제로 커브를 생성하는 것과 비슷

그림 5.8 내재 변동성 곡면과 일관성이 있는 새로운 변동성 모형의 필요성

사용해야 한다. 이표채의 시장 가격과 YTM은 일대일 대응 관계를 가진다. 그러나 일반적인 현금 흐름을 할인하려면 부트 스트래핑을 이용해 YTM에서 제로 금리를 추출해야 한다. 이와 비슷한 절차가 변동성에도 필요하다.

시장에서 거래되는 바닐라 옵션 가격을 블랙-숄즈 공식을 이용해 역산해 구한 내재 변동성 곡면은 바닐라 옵션의 평가에만 사용할 수 있다. 바닐라 옵션의 만기와 행사가에 따른 시장 가격과 내재 변동성 곡면은 일대일 대응 관계를 가진다. 이렇게 구한 내재 변동성 곡면을 바닐라 옵션이 아닌 이색 옵션의 평가에 사용할 때에는 내재 변동성 곡면에서 어떤 만기와 어떤 행사가의 값을 사용해야 하는지 결정할 수 없다. 이제 금리에서의 부트 스트래핑에 해당하는 작업이 필요하다는 것을 알 수 있다.

내재 변동성 곡면의 스큐를 재현하는 변동성 모형으로 크게 국소 변동성 모형local volatility model, 확률 변동성 모형stochastic volatility model, 점프 모형jump model, 이런 것들을 조합한 모형이 있다. 아카데미에서는 여전히 연구가 계속 진행되고 있지만 현업에서는 국소 변동성 모형을 사용하는 것이 일반적이다. 그림 5.9에서 현재 가장 많이 사용되는 확률 변동성 모형을

Heston 모형

$$dS/S = \mu \, dt + \sigma \, dZ$$

$$d\sigma^2 = \phi(m - \sigma^2)dt + \xi\sqrt{\sigma^2} \, dB$$

$$\mathrm{Corr}(dZ, dB) = \rho$$

- 해석해 있음
- 가장 많이 사용함

SABR 모형

$$dF = \alpha F^\beta \, dZ$$

$$d\alpha = \nu\alpha \, dB$$

$$\mathrm{Corr}(dZ, dB) = \rho$$

F : forward price

- Hagan et al (2002) in WILMOTT magazine
- 근사해 있음

그림 5.9 확률 변동성 모형

주가 운동 모형

$$dS/S = (r - k\lambda)dt + \sigma \, dZ + (J - 1)dq$$

q : 포아송 확률 과정

dq, J : 독립

$$E[(J - 1)dq] = E[J - 1]E[dq] = k\lambda \, dt$$

옵션 가격

$$V(S_0, K, T) = \sum_{n=1}^{\infty} \frac{e^{-\lambda'T}(\lambda'T)^n}{n!} V_{BS}(S_0, K, T, r_n, \sigma_n)$$

$$r_n = r - k\lambda + r\gamma T \qquad \gamma = \log(1 + k)$$

$$\sigma_n^2 = \sigma^2 + n\,\delta^2/T \qquad \lambda' = \lambda(1 + k)$$

그림 5.10 머턴의 점프–확산 모형

소개한다. 그리고 그림 5.10에서는 머턴의 점프-확산 모형을 보여 준다.

5.2 국소 변동성 모형

내재 변동성 곡면에 나타나는 스큐를 설명하는 가장 간단한 모형은 국소 변동성 모형이다. 여기서는 변동성을 상수가 아닌 $\sigma = \sigma(S, t)$로 가정한다. 결국 주가는 위험 중립 세계에서 다음을 따른다.

$$dS/S = r\,dt + \sigma(S,t)\,dW \tag{5.1}$$

블랙-숄즈 공식을 유도하는 식 (3.27)을 위의 주가 모형에 대해 다시 유도
하면 식 (3.29)에서 변동성만 변하게 된다.

$$\frac{\partial f}{\partial t} + rS\frac{\partial f}{\partial S} + \frac{\sigma^2(S,t)}{2}S^2\frac{\partial^2 f}{\partial S^2} = rf \tag{5.2}$$

국소 변동성 $\sigma(S,t)$가 결정되면 옵션 종류에 따라서 콜옵션 또는 풋옵션
의 만기 수익 구조를 만기 조건으로 이용해 식 (5.2)의 해 f_0를 구할 수
있다. f_M을 시장 가격 또는 내재 변동성을 이용해 블랙-숄즈 공식으로
구한 가격으로 둔다. 이때 $\sigma(S,t)$를 적절하게 결정해 $f_0 = f_M$을 만족하
기를 희망한다. 이런 형태의 문제를 역문제[inverse problem]라고 한다. 일반적
인 문제는 변동성이 알려져 있고 옵션의 가격을 구하는 것이지만, 여기서
는 옵션의 시장가가 주어져 있고 이를 재현하는 변동성 함수를 결정하는
것이다.

　이런 조건을 만족하는 국소 변동성 함수가 존재하는지가 자연스러운
질문이다. 이에 대한 답변으로 Dupire(1994)가 시장에 차익 거래가 존재
하지 않으면 시장 가격을 재현하는 국소 변동성이 유일하게 존재한다는
것을 증명하고, 국소 변동성의 구체적인 식을 옵션 가격을 이용해 표현했
다. 국소 변동성의 구체적인 공식은 뒷장에서 다시 나오므로 여기에서는
언급하지 않겠다.

　그림 5.11은 내재 변동성과 국소 변동성의 관계 중에서 중요한 것을
요약했다. 보다 상세한 내용이 Fengler(2005)에 나와 있지만 대부분이 수
학적인 전개가 대부분이어서 직관적으로 이해하기는 쉽지 않다.

　특정 만기와 행사가가 주어진 옵션이 가격이 있다고 하자. 이 가격과
내재 변동성은 일대일 대응이다. 내재 변동성은 평가 시점에서 만기까지의

- IV($\hat{\sigma}$) is the spatial harmonic mean of LV(σ)

$$\hat{\sigma}(x,0) = \left\{ \frac{1}{x} \int_0^x \frac{dy}{\sigma(y,0)} \right\}^{-1}$$

where $x = \log(S/K) + (r - q)\tau$

- Two-Times-IV-Slope Rule

$$2\frac{\partial \hat{\sigma}(0,0)}{\partial x} = \frac{\partial \sigma(0,0)}{\partial x}$$

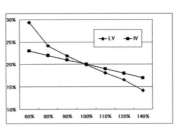

그림 5.11　내재 변동성과 국소 변동성의 관계

브라운 운동이 상수 $\hat{\sigma}$로 운동을 한다고 가정하는 것이다. 국소 변동성으로 평가한다면 평가 시점부터 만기까지의 현재 주가가 $O(\hat{\sigma}\sqrt{T})$로 확산되는 영역의 국소 변동성이 옵션 가격에 영향을 미칠 것이다. 각 순간순간 브라운 운동은 $\sigma(S, t)$의 값의 변동성을 갖게 된다. 그러므로 내재 변동성과 국소 변동성의 평균값이 관계가 있을 것 같다. 그림 5.11에서 내재 변동성은 국소 변동성의 조화 평균임이 수식으로 유도됐다.

또 다른 중요한 결과는 기울기 두 배의 법칙이다. 이는 로그 머니니스 log moneyness에 대해 ATM에서 국소 변동성 곡면의 기울기가 내재 변동성 기울기의 두 배라는 것이다. 그림 5.11의 우변 그래프에서 볼 수 있다.

5.3 내재 변동성의 고착성

블랙-숄즈 공식에서는 S, σ, r, t가 모두 독립 변수이기에 편미분으로 그릭을 정의하는 것이 가능했다.

$$\Delta_{BS} = \frac{\partial f}{\partial S} \tag{5.3}$$

그러나 변동성 곡면을 이용해 평가를 하면 주가 S의 변화에 따른 변동성 곡면의 변화 또한 모델링해야 한다. 즉 다음의 관계식이 나온다.

$$\Delta = \Delta_{BS} + \frac{\partial f}{\partial \hat{\sigma}} \frac{\partial \hat{\sigma}}{\partial S} \tag{5.4}$$

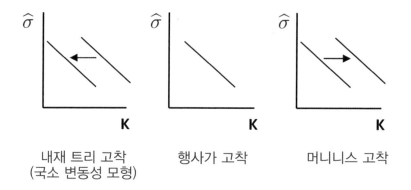

내재 트리 고착   행사가 고착   머니니스 고착
(국소 변동성 모형)

그림 5.12 주가가 상승한 후 고착성에 따른 내재 변동성의 변화 형태

위의 식에서 $\hat{\sigma}$은 바닐라 옵션에서는 내재 변동성의 만기와 행사가에 해당하는 값을 의미하지만, 내재 변동성을 직접 사용할 수 없는 이색 옵션의 경우에는 내재 변동성 곡면에서 추출한 국소 변동성을 이용해 평가하는 것을 정성적으로 표기한 것이다. 이에 대해 엄밀한 표기법을 사용해 수학적으로 전개한 내용은 Bergomi(2016)에 나와 있다.

변동성 곡면을 사용하는 평가에서 델타에 대해서 생각한다. 베가는 5.3장에서 설명한다. Derman(1999)에서 주가의 움직임에 따른 내재 변동성 곡면의 운동을 고착성[sticky]ness을 이용해 구분했다. 그림 5.12에 세 가지의 고착성을 보여 준다. 첫 번째에 있는 고착 내재 트리[sticky implied tree]는 국소 변동성 모형과 일치한다. Derman and Kani(1994)에서 국소 변동성 모형을 Dupire(1994)를 사용하지 않고, 이항 트리 모형을 변형해 바닐라 옵션의 시장가를 재현하는 내재 트리[implied tree]를 제안해서 Derman은 국소 변동성이라는 이름보다 내재 트리라는 이름을 더 선호한다.

그림 5.12에서 $\mathcal{G}$를 현재 시점의 내재 변동성의 모양을 의미하는 함수라 하면 주가가 변함에 따른 내재 변동성의 변화에 대한 3개의 모형을 생각할 수 있다.

머니니스 고착   : $\hat{\sigma}(S, K) = \mathcal{G}(m)$, $m = K/S$

행사가 고착   : $\hat{\sigma}(S, K) = \mathcal{G}(K)$

국소 변동성   : $\hat{\sigma}(S, K) = \mathcal{G}(S + K)$

식 (5.4)에서 주가 변화에 따른 내재 변동성의 변화를 조사하기 위해서, S_0 주위에서 내재 변동성 곡면을 선형화해 근사할 수 있다. 머니니스$^{\text{money-}}$ ^{ness}, 로그 머니니스, 델타에 관한 일차 함수를 상황에 따라서 이용하는 것이 일반적인데 여기에서는 머니니스에 관한 일차 함수를 이용한다. 다른 함수에 관한 해석 또한 유사한 계산이다.

$\hat{\sigma}_0$는 현재 변동값을, $b > 0$는 내재 변동성 곡면의 스큐를 나타낸다. $S_0 = K$ 주위에서 S의 변화에 따른 변동성 곡면을 고착성에 따라서 다음으로 표현할 수 있다.

머니니스 고착   : $\hat{\sigma}(S, K) = \hat{\sigma}_0 - bS_0(K/S - 1)$

행사가 고착   : $\hat{\sigma}(S, K) = \hat{\sigma}_0 - b(K - S_0)$

국소 변동성   : $\hat{\sigma}(S, K) = \hat{\sigma}_0 - b(K + S)$

바닐라 옵션의 베가가 0보다 큰 것을 이용하면 바닐라 옵션에 대해 고착성에 따른 델타의 차이를 최종적으로 얻을 수 있다.

머니니스 고착   : $\Delta > \Delta_{BS}$

행사가 고착   : $\Delta = \Delta_{BS}$

국소 변동성   : $\Delta < \Delta_{BS}$

결국 모형에서 사용하는 내재 변동성의 고착성에 따라서 헤지를 위해 필요한 델타의 값이 달라지는 것을 볼 수 있다. 참고로 확률 변동성 모형을 사용하면 또 다른 값의 델타를 얻게 된다. 어떤 모형을 사용하는 것이 최적의 헤지 성과를 내는지는 주식 시장의 상황에 따라 다르다. 그리고 머니니스 고착 모형과 행사가 고착 모형은 차익 거래가 허용되는 모형[arbitrage model]이다(Marabel Romo, 2010).

6장

베가 행렬

파생상품을 헤지하고자 사용하는 표준 모형은 블랙-숄즈 공식이다. 바닐라 옵션$^{vanilla\ option}$의 경우 주식의 배당을 무시하면 블랙-숄즈 공식이 요구하는 입력값은 현재 주가 S_0, 옵션의 행사가 K, 무위험 이자율 r, 변동성 σ, 잔존 만기 T이다. 이 중에서 변동성은 직접 관찰해 구할 수 있는 값이 아니다. 이런 이유로 입력값으로 사용하는 변동성을 결정하는 것이 중요해졌다.

변동성을 결정하는 방법은 크게 두 가지로 구분할 수 있다. 주가의 과거 시계열을 이용해, 미래의 변동성이 재현될 것이라는 기대하에 역사적 변동성을 사용하는 방법과 바닐라 옵션 상품이 장내 시장과 장외 시장에서 활발하게 거래되는 것을 이용해 시장 가격에서 블랙-숄즈 공식을 역산해 추출한 내재 변동성이 있다. 역사적 변동성은 미래에 대한 예측력이 떨어진다는 단점이 있어서, 거래되는 시장이 있는 경우 이를 이용한 내재 변동성을 사용하는 것이 일반적인 추세다.

옵션 시장에서 역산으로 구한 내재 변동성의 경우 블랙-숄즈에서 가정한 상수 값의 변동성이 아니라 스큐의 영향으로 잔존 만기와 행사가에

따라서 변동성 값이 달라진다. 행사가와 잔존 만기에 대한 함수 형태로
변동성 값을 표현하는 것을 내재 변동성 곡면이라고 한다.

한국에서 많이 발행되는 스텝다운형 ELS의 경우 버무다형의 조기 종
료를 가지며 디지털 옵션과 낙인 풋옵션을 내재하고 있는 매우 복잡한 이
색 옵션이다. 이색 옵션을 변동성 곡면을 이용해 평가할 때에 블랙-숄즈
에서는 나타나지 않는 여러 가지 문제가 발생한다. 우선 내재 변동성 곡면
을 직접 사용할 수 없기 때문에 내재 변동성 곡면을 재현하면서 확장하는
고급 변동성 모형을 사용해야 한다. 현업에서 가장 많이 사용하는 모형은
국소 변동성 곡면$^{local\ volatility\ surface}$이며, 다른 방법으로 확률 변동성 모형과
점프 모형, 그외 혼합 모형 등이 있다.

다음으로 변동성의 민감도인 베가^{vega}에 관한 것이다. 블랙-숄즈 모형
에서는 변동성이 상수인 입력 변수이기 때문에 다음으로 베가를 정의하는
것이 자연스럽다.

$$\nu_{BS} = \frac{\partial f}{\partial \sigma} \tag{6.1}$$

그러나 변동성 곡면을 사용하는 모형에서는 σ가 수학적으로 이차원의 곡
면을 나타내는 함수 $\sigma = \sigma(K, T)$이므로 식 (6.1)은 보다 엄밀한 정의를
요한다.

여기에서는 변동성 곡면을 갖는 모형에서 베가를 새롭게 정의하고 간
단한 이색 옵션과 ELS에 대해 수치 계산의 결과를 제시한다.

6.1 베가 행렬

식 (6.1)을 함수인 σ로 확장하는 것은 함수 해석학$^{functional\ analysis}$의 지식을
요한다. 여기서는 엄밀한 함수 해석학의 접근법이 아니라 현업에서 사용
하고 있는 직관적인 접근법으로 설명하겠다.

$\epsilon \ll 1$이며 $||\delta\sigma|| = O(1)$인 섭동 곡면$^{\text{pertubed surface}}$이 주어질 때 이 섭동 곡면에 대한 베가를 다음으로 정의한다.

$$\nu(\delta\sigma) = f(\sigma + \epsilon\,\delta\sigma) - f(\sigma) \tag{6.2}$$

우선 베가의 정의가 미분^{derivative}이 아닌 차분^{difference}의 형태임에 주의한다. 제로 금리에 대한 채권의 금리 민감도인 PV01에서도 같은 형태의 차분으로 사용한다. 미분보다 차분이 현업의 종사자에게 더 직관적이기 때문이다.

그리고 위에서 정의한 베가가 섭동 곡면 $\delta\sigma$에 의존한다. 이것은 R^n에서 정의된 함수의 방향 미분$^{\text{directional derivate}}$과 유사하다. 고려할 수 있는 섭동 곡면은 무한 차원이기 때문에 위에서 정의한 베가는 무한 차원에서 정의된 연산자가 된다.

마지막으로 변동성 곡면 σ가 상수이고, 섭동 곡면 $\delta\sigma$가 상수인 경우 (parallel shift)에는 다음의 관계를 만족한다.

$$\nu(\delta\sigma) = \nu_{BS}\,\epsilon\,\delta\sigma \tag{6.3}$$

수치 계산에서 이차원 평면에 정의된 점을 모두 표현하는 것은 불가능하므로 이산화^{discretization}를 한다. 이차원 공간의 축인 K와 T에서 유한한 점 $\{K_i\}_{i=1}^{M}$과 $\{T_j\}_{j=1}^{N}$을 선택해 다음과 같이 격자계$^{\text{grid system}}$를 생성한다(그림 6.1의 왼쪽 참조).

$$\{(K_i, T_j) \mid i = 1, \cdots, M, \text{ and } j = 1, \cdots, N\} \tag{6.4}$$

격자계에서 함수값을 지정하고 격자계 외의 점에서는 선형 보간을 이용하면 함수를 전체 영역으로 확장할 수 있다. 이러한 방법으로 정의한 함수는 조각난 선형$^{\text{piecewise linear}}$ 함수가 된다. 대표적인 예로 특정 격자점 (K_i, T_j)에서는 1의 값을 갖고, 나머지 격자에서는 0을 갖는 텐트^{tent} 함수가 있다

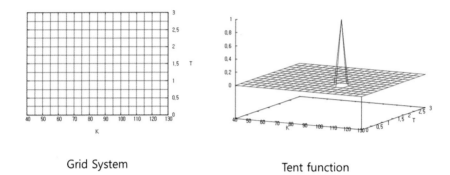

Grid System   Tent function

그림 6.1 $K_i = 40{:}5{:}130$, $T_j = 0{:}0.25{:}3$인 격자계(왼쪽)와 텐트 함수(오른쪽)

(그림 6.1의 오른쪽 참조).

$$\phi_{i,j}(K_l, T_m) = \begin{cases} 1, & \text{for } i = l,\ j = m \\ 0, & \text{otherwise} \end{cases} \tag{6.5}$$

임의의 연속 함수를 조각난 선형 함수로 근사할 수 있기에 임의의 섭동
곡면 $\delta\sigma(K, T)$를 다음과 같이 근사적으로 표현할 수 있다.

$$\delta\sigma(K, T) \approx \sum_{i,j} \delta\sigma(K_i, T_j)\, \phi_{i,j}(K, T) \tag{6.6}$$

우변의 근사식을 섭동 곡면의 표현^{representation}으로 사용하면 섭동 곡면의
자유도^{차원}는 $M \times N$이 된다.

식 (6.6)을 이용해 식 (6.2)를 변형하면 다음을 얻는다.

$$\begin{aligned} \mathcal{V}(\delta\sigma) &\approx \mathcal{V}\left(\sum_{i,j} \delta\sigma(K_i, T_j)\, \phi_{i,j}\right) \\ &\approx \sum_{i,j} \delta\sigma(K_i, T_j)\, \mathcal{V}(\phi_{i,j}) \end{aligned} \tag{6.7}$$

마지막 근사식에서 $\mathcal{V}$가 선형 연산자임을 사용했다. 이를 엄밀하게 증명

하려면 함수 해석학 지식이 필요하다. 식 (6.7)의 $\nu(\phi_{i,j})$를 베가 행렬^{vega} matrix이라고 한다. 식 (6.7)을 이용하면 베가 행렬에서 임의의 섭동 곡면에 대한 베가를 계산할 수 있다.

6.2 국소 변동성

앞에서 언급한 변동성 곡면 $\sigma(K,T)$는 내재 변동성 곡면이며 섭동 곡면 $\delta\sigma(K,T)$는 내재 변동성 곡면의 범핑을 의미한다. 그러므로 내재 변동성 곡면 $(\sigma+\delta\sigma)(K,T)$에 대한 바닐라 옵션의 평가는 간단하다. 그러나 바닐라 옵션이 아닌 이색 옵션을 평가할 때에는 내재 변동성 곡면을 직접 사용할 수 없다.

일반적인 이색 옵션을 평가하려면 내재 변동성을 국소 변동성이나 확률 변동성으로 확장해야 한다(Bergomi, 2016). 현업에서는 국소 변동성을 사용하는 것이 일반적이다. 국소 변동성은 변동성 곡면을 $\sigma_{\text{loc}} = \sigma(S,t)$인 결정된deterministic 함수로 가정한다. 내재 변동성 곡면이 $\sigma_{\text{im}} = \sigma(K,T)$인 함수임에 주의한다. 옵션의 시장 가격이 존재할 때 이러한 가격을 재현하는 국소 변동성이 존재하는 것은 Dupire(1994)에 의해 증명됐고, 그 후 다른 형태의 공식이 많이 유도됐다(Henry-Labordere, 2013). 여기에서는 Gatheral and Jacquier(2014)의 표기법을 이용한 Dupire 공식을 제시한다.

$$\sigma^2_{\text{loc}} = \frac{w_t}{g(k,t)}, \qquad \left(\propto \frac{\text{Calendar Spread}}{\text{Butterfly}} \right) \tag{6.8}$$

$$g(k,t) = \left(1 - \frac{kw_k}{2w}\right)^2 - \frac{w_k^2}{4}\left(\frac{1}{w} + \frac{1}{4}\right) + \frac{w_{kk}}{2} \tag{6.9}$$

$$w = \sigma^2_{\text{im}}t \qquad \text{(total variance)} \tag{6.10}$$

$$k = \log(K/F) \quad (\text{log moneyness}) \tag{6.11}$$

여기에서 하첨자 t, k는 각각에 대한 편미분$^{\text{partial derivative}}$을 의미한다. 식 (6.8)
에서 좌변이 제곱의 형태이므로 우변의 값이 0보다 큰 값이어야 한다. 옵
션 시장에서 시간 스프레드$^{\text{calendar spread}}$ 차익 거래가 없는 경우에 분자가 0
보다 크게 되고, 버터플라이^{butterfly} 차익 거래가 없는 경우에 분모가 0보다
크게 된다. 그러므로 일반적으로 옵션 시장에 차익 거래가 없으면 국소
변동성은 잘 정의된다. 정상 상태의 시장에서 거래가 활발하게 이뤄지면
일반적으로 차익 거래가 없지만, 금융 위기와 같은 폭락장에서는 옵션 시
장에 차익 거래가 존재해 장기간 지속되는 경우가 있다. 이러한 경우에 국
소 변동성을 생성하는 것은 많은 노력과 고민을 요한다(Herny-Labordere,
2013).

식 (6.8)과 같은 Dupire 공식을 직접 사용하지 않고 최적화 문제로 조
금 다르게 형식화한 것으로 AH–방법이 있다(Andreasen and Huge, 2011).

6.3 곡면 범핑

베가 행렬을 $\mathcal{V}(\phi_{i,j})$로 이론적으로 정의했지만 실무에 적용하기에는 곤란
한 점이 있다. ϵ의 값을 아무리 줄여도 텐트 함수가 표현하는 내재 변동성
곡면은 차익 거래를 허용한다. 즉 식 (6.8)의 우변에서 음의 값이 발생하
게 된다. 다음에서 이를 해결하는 방법에 대해 소개한다.

일차원에서 다음과 같이 격자점 $\{x_i\}$에서 정의된 조각난 선형 함수를
모자 함수$^{\text{hat function}}$라고 한다.

$$\phi_i(x) = \begin{cases} 1 & \text{for } x = x_i \\ 0 & \text{otherwise} \end{cases} \tag{6.12}$$

식 (6.5)에서 정의한 텐트 함수는 모자 함수의 곱으로 표현할 수 있다.

$$\phi_{ij}(K, T) = \phi_i(K)\phi_j(T) \tag{6.13}$$

식 (6.13)에서 베가 행렬을 계산하기 위한 변동성 곡면의 범핑을 행사가
방향과 만기 방향의 범핑^{bumping}으로 구분한 후에 곱을 이용해 재현할 수
있다. 이제 각각의 축 방향에서 범핑을 소개한다.

6.3.1 만기 방향 범핑

만기 방향의 T축에서 $\{T_j\}_{j=1}^M$이 격자점일 때 T축의 범핑에 대해 알아본
다. 식 (6.13)에서 각각의 범핑은 기본적으로 $\phi_j(T)$인 모자 함수가 된다.
그러나 내재 변동성을 모자 함수로 범핑을 하는 경우에 시간 스프레드 차
익 거래가 존재한다. 이런 문제를 그림 6.2의 방법을 이용해 해결한다.

주어진 격자점에서 함수를 다음과 같이 정의하고 선형 보간을 이용해
전체 T축으로 확장한다.

$$\Phi_j(T_m) = \begin{cases} 0 & \text{for } m < j \\ 1 & \text{otherwise} \end{cases} \tag{6.14}$$

격자점에서 함수값을 비교하면 다음을 얻는다.

$$\phi_j(T) = \Phi_j(T) - \Phi_{j+1}(T) \tag{6.15}$$

내재 변동성을 $\Phi_j(T)$로 범핑하는 경우에 차익 거래가 존재하지 않으므로
다음의 베가는 잘 정의된다.

$$\mathcal{V}(\phi_j) \equiv \mathcal{V}(\Phi_j) - \mathcal{V}(\Phi_{j+1}) \tag{6.16}$$

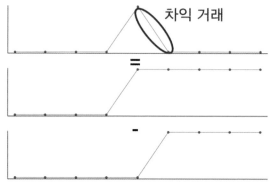

그림 6.2 T축 방향 범핑의 문제점과 해결책

6.3.2 행사가 방향 범핑

다음은 행사가 방향 K축에 관한 범핑이다. 앞에서와 같이 모자 함수 $\phi_i(K)$ 를 이용하면 차익 거래과 발생한다. 또한 그림 6.3에서 볼 수 있듯이 T축 에서 사용한 $\Phi_i(K)$ 또한 K축에서는 차익 거래가 발생한다. K축에서 무 차익 거래의 범핑을 위해 다음의 함수를 고려한다. K축의 격자점은 δK 의 등간격을 갖는 균등 격자 $\{K_i\}_{i=1}^N$ 을 가정한다.

$$\Psi_i(K_l) = \begin{cases} 0 & \text{for } l < i \\ (K_l - K_i)/\delta K & \text{otherwise} \end{cases} \tag{6.17}$$

그림 6.3에서 볼 수 있듯이 격자점에서 함수값을 비교하면 다음 관계식이 성립한다.

$$\phi_i(K) = \Psi_{i-1}(K) - 2\Psi_i(K) + \Psi_{i+1}(K) \tag{6.18}$$

T축의 경우와 마찬가지로 다음을 K축의 베가로 정의한다.

$$\mathcal{V}(\phi_i) \equiv \mathcal{V}(\Psi_{i-1}) - 2\mathcal{V}(\Psi_i) + \mathcal{V}(\Psi_{i+1}) \tag{6.19}$$

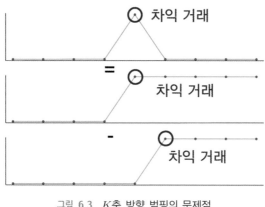

그림 6.3 K축 방향 범핑의 문제점

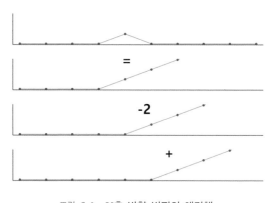

그림 6.4 K축 방향 범핑의 해결책

6.3.3 베가 행렬을 위한 범핑

앞의 결과에서 베가 행렬을 위한 곡면의 범핑은 텐트 함수 $\phi_{ij}(K, T)$를 직접 사용할 수 없음을 알 수 있다. 식 (6.16), (6.18)을 식 (6.13)에 대입

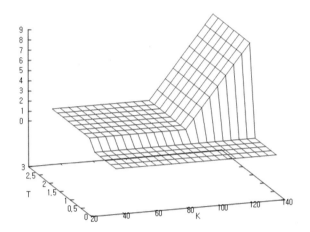

그림 6.5 베가 행렬을 계산하는 데 사용하는 범핑 함수 $\Psi_i(K)\Phi_j(T)$의 전형적인 그래프

하면 $\phi_{ij}(K, T)$를 $\Phi_j(T)$와 $\Psi_i(K)$로 표현 가능하며 이를 이용해 다음과 같이 베가 행렬을 정의한다.

$$\mathcal{V}(\phi_{ij}) \equiv \mathcal{V}(\Psi_{i-1}\Phi_j) - 2\,\mathcal{V}(\Psi_i\Phi_j) + \mathcal{V}(\Psi_{i+1}\Phi_j)$$
$$- \mathcal{V}(\Psi_{i-1}\Phi_{j+1}) + 2\,\mathcal{V}(\Psi_i\Phi_{j+1}) - \mathcal{V}(\Psi_{i+1}\Phi_{j+1}) \quad (6.20)$$

그림 6.5에서 $\Psi_i(K)\Phi_j(T)$의 전형적인 그래프를 보여 준다.

6.4 수치 결과

다음의 각절에서 다양한 상품에 대한 베가 행렬을 계산해 제시한다. 각각의 계산에서는 $\epsilon = 1 \times 10^{-4} = 1\text{bp}$를 사용했다. 식 (6.3)을 이용하면 베가 행렬의 전체 합은 블랙-숄즈 베가로 표현된다.

$$\sum_{i,j} \mathcal{V}(\phi_{i,j}) = \mathcal{V}(\epsilon) = \mathcal{V}_{BS}\,\epsilon \tag{6.21}$$

앞으로 모든 그림에서 나타난 베가 행렬의 값은 전체 베가 행렬 값의 백분율로 표시한다.

$$\frac{\mathcal{V}(\phi_{i,j})}{\mathcal{V}_{BS}\,\epsilon} \times 100 \tag{6.22}$$

베가 행렬이 이차원의 행렬 형태로 표현되므로 이해를 돕고자 다음과 같은 만기 베가$^{\text{term vega}}$와 행사가 베가$^{\text{strike vega}}$를 도입해서 결과를 제시할 것이다.

$$\text{term vega} = \sum_{i} \mathcal{V}(\phi_{i,j}) \tag{6.23}$$

$$\text{strike vega} = \sum_{j} \mathcal{V}(\phi_{i,j}) \tag{6.24}$$

만기 베가와 행사가 베가 또한 전체 베가 행렬 합의 백분율로 나타낸다.

앞으로 제시하는 모든 수치 결과는 무위험 이자율은 1%, 변동성은 상수 변동성 30%, 배당은 0인 값을 사용해 계산한다. 특별한 언급이 없는 경우, 현재 주가는 100을 사용한다. 모든 계산 결과에서 식 (6.21)을 만족하는 것을 확인했고 향후 이에 대한 언급은 하지 않는다.

6.4.1 콜옵션

행사가 $K = 100$, 만기 $T = 1$인 콜옵션의 베가 행렬을 그림 6.6과 표 6.1에 나타냈다. 베가 행렬의 정의에서 내재 변동성 곡면의 격자점에 해당하는 옵션의 가격은 다른 격자점의 옵션에 영향을 주지 않으므로 각각은 독립적으로 움직이며 의존성이 없다. 그러므로 바닐라 옵션의 베가 행렬은

$T \setminus K$	75	80	85	90	95	100	105	110	115	120	125
0.00	0.0	0.0	−0.0	−0.1	−0.1	−0.1	−0.1	−0.1	−0.0	−0.0	0.0
0.25	−0.0	−0.0	−0.0	−0.0	0.0	0.1	0.0	−0.0	−0.0	−0.0	−0.0
0.50	−0.0	−0.0	−0.0	0.0	0.0	0.0	0.0	0.0	0.0	−0.0	−0.0
0.75	−0.0	−0.1	−0.1	−0.2	−0.1	1.1	−0.1	−0.2	−0.1	−0.1	−0.0
1.00	0.0	0.1	0.2	0.3	−0.1	97.3	−0.1	0.3	0.2	0.1	0.1
1.25	0.0	0.0	0.0	0.0	0.2	1.6	0.3	0.0	0.0	−0.0	−0.0

표 6.1 행사가 $K = 100$, 만기 $T = 1$인 콜옵션에 대한 베가 행렬. 행은 $0.25Y$ 간격의 만기, 열은 5 간격의 행사가를 나타낸다.

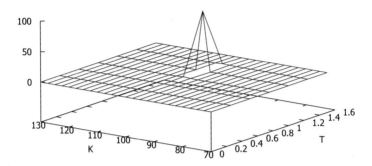

그림 6.6 행사가 $K = 100$, 만기 $T = 1$인 콜옵션에 대한 베가 행렬의 그래프

고려하고 있는 $K = 100$, $T = 1$에 집중돼서 100의 값을 가지며 나머지의 격자점에서는 영의 값을 가져야 한다. 구체적인 숫자를 제시한 표 6.1에서 보면 $K = 100$, $T = 1$에서의 값이 약 2.7의 오차를 가진다. 이것은 무차익 거래를 피하고자 곡면 범핑을 변경해서 수치 오차로 발생한 것이다. 특히 행사가 축의 식 (6.18)에서 수치적인 오치가 많이 발생한다. 하지만 다른 격자점에서의 오류가 최대 1.6인 것을 고려하면 수치적으로 바닐라 옵션의 베가 행렬을 잘 분해하는 것으로 판단할 수 있다.

그림 6.7은 바닐라 콜옵션에 대한 만기 베가다. 옵션의 만기 $T = 1$ 와 베가를 계산하는 격자점이 일치하는 경우 (a)에서는 베가가 $T = 1$에 집중돼 있는 것이 보인다. (b)와 (c)의 경우는 옵션의 만기가 $T = 1.1$ 인 경우여서 베가를 계산하는 격자가 어긋나게 한 경우다. 옵션의 만기 T를 포함하는 만기 베가의 격자를 T_i, T_{i+1}라 둔다(즉 $T_i < T < T_{i+1}$이 성립한다). (b)에서는 $T_i = 1$, $T_{i+1} = 5/4$이고 (c)에서는 $T_i = 13/12$, $T_{i+1} = 14/12$다. 식 (6.21)에서 만기 베가가 T_i와 T_{i+1}의 경우를 제외하고 모두 0이 되는 것을 이용하면 다음을 얻는다.

$$\mathcal{V}(\phi_i) + \mathcal{V}(\phi_{i+1}) = \mathcal{V}_{BS}\epsilon \tag{6.25}$$

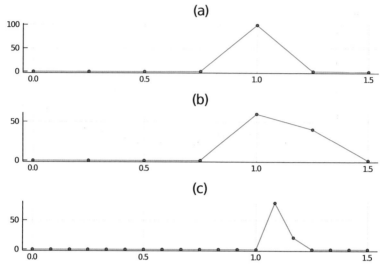

그림 6.7 콜옵션에 대한 만기 베가: (a) 콜옵션의 만기는 $T = 1Y$이며, 시간 격자는 $0.25Y = 3M$ 간격 (b) 콜옵션의 만기는 $T = 1.1Y$이며, 시간 격자는 $0.25Y = 3M$ 간격 (c) 콜옵션의 만기는 $T = 1.1Y$이며, 시간 격자는 $1/12Y = 1M$ 간격

ϕ_i가 조각 선형인 것을 이용하면 T시점의 실질적인 범핑의 크기에서 다음을 얻는다.

$$\mathcal{V}(\phi_i) = \frac{T_{i+1} - T}{T_{i+1} - T_i} \, \mathcal{V}_{BS}\epsilon \tag{6.26}$$

$$\mathcal{V}(\phi_{i+1}) = \frac{T - T_i}{T_{i+1} - T_i} \, \mathcal{V}_{BS}\epsilon \tag{6.27}$$

이를 이용하면 베가의 분포 비율인 $\mathcal{V}(\phi_i) : \mathcal{V}(\phi_{i+1})$가 (b)의 경우에 60:40, (c)의 경우에 베가가 80:20이 되며 그림 6.7과 일치하는 것을 볼 수 있다.

그림 6.8에서는 바닐라 콜옵션의 행사가 베가에 대한 그래프를 나타냈다. (a)는 행사가 $K = 100$이고, (b)와 (c)는 행사가 $K = 102$인 경우다. 앞에서의 만기 베가와 마찬가지로 콜옵션의 행사가와 격자점이 일치하면 베가가 그 점에 집중된다((a) 경우). 행사가와 격자점이 일치하지 않는 경

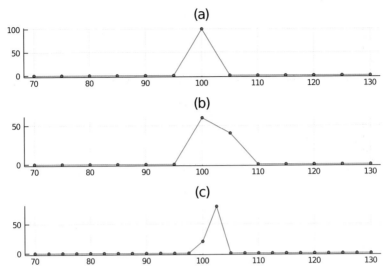

그림 6.8 콜옵션에 대한 행사가 베가: (a) 콜옵션의 행사가는 $K = 100$이며, 행사가 격자 간격은 5 (b) 콜옵션의 행사가는 $K = 102$이며, 행사가 격자 간격은 5 (c) 콜옵션의 행사가는 $K = 102$이며, 행사가 격자 간격은 2.5

우((b)와 (c)의 경우)에는 앞의 만기 베가와 같은 논리로 베가가 선형으로 옆의 격자점으로 배분된다. 만기 베가의 경우와 같은 계산을 하면 (b)의 경우에는 60:40, (c)의 경우에는 20:80의 분포를 가지며 그림 6.8에서 이와 일치하는 것을 볼 수 있다.

6.4.2 스프레드 옵션

스프레드^{spread} 옵션은 콜옵션 또는 풋옵션의 매수 포지션^{long}과 매도 포지션^{short}으로 구성한다. 계산에 사용한 스프레드 옵션은 $K = 95$인 콜옵션의 매수와 $K = 100$인 콜옵션의 매도다.

$$S = C(K = 95) - C(K = 100) \tag{6.28}$$

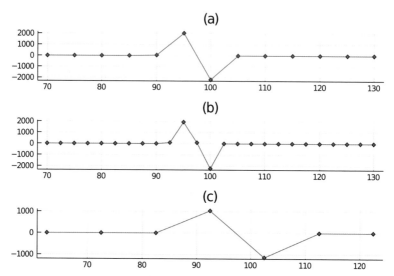

그림 6.9 행사가 95인 콜옵션의 매수 포지션과 행사가 100인 콜옵션의 매도 포지션인 스프레드 옵션에 대한 행사가 베가: (a) 행사가 격자 간격은 5 (b) 행사가 격자 간격은 2.5 (c) 행사가 격자 간격은 10으로 95와 100을 한 구간에 포함하도록 조정

참여 비율은 베가 행렬의 분포에 영향을 주지 않기 때문에 편의상 100%를 사용했다.

스프레드 옵션이 바닐라 옵션의 유한한 조합이므로 만기 베가는 바닐라 옵션과 일치해 특정 만기 시점에 베가가 집중하게 된다.

그림 6.9에 스프레드 옵션에 대한 행사가 베가를 나타냈다. (a)에 행사가 95에 매수 포지션, 100에 매도 포지션에 대해 베가가 분해된 것이 보인다. 이는 식 (6.28)과 일치한다. 행사가 베가의 값이 양수와 음수로 주어지기 때문에 이들의 합인 전체 베가의 값은 영에 가까운 값이 나온다. 그래서 그림의 y축의 값이 매우 큰 값을 보인다.

(b)에서 격자 간격을 더 좁게 해도(5에서 2.5) 베가의 분포에는 변화가 없다. 격자의 간격과 무관하게 베가 행렬이 식 (6.28)을 만족하는 것을 알 수 있다.

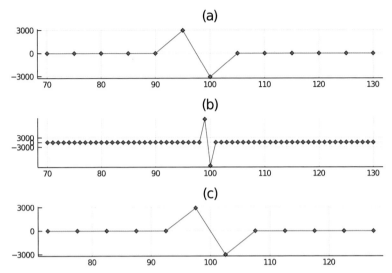

그림 6.10 행사가 100인 디지털 옵션에 대한 행사가 베가: (a) 행사가 격자 간격은 5 (b) 행사가 격자 간격은 1 (c) 행사가 격자 간격은 5이며, 100이 격자점이 되지 않도록 조정.

(c)에서는 격자 간격을 넓게 하고 격자를 조정해 스프레드의 행사가 95와 100이 하나의 격자 구간인 [92.5, 102.5]에 포함되도록 했다. 각각의 매수, 매도 표지션의 옵션이 선형 분해가 돼 서 격자점의 베가에 합쳐져서 영향을 준다. 그래서 y축의 값이 (a)와 (b)에 비해 상대적으로 줄어들었다.

6.4.3 디지털 옵션

디지털[digital] 옵션은 만기 시점에 주가가 행사가 이상이면 1을 지급하고, 행사가 미만이면 0을 지급하는 옵션이다. 앞의 스프레드 옵션의 행사가 간격을 좁히면서 참여율을 늘리는 극한이 디지털 옵션이 된다.

$$D(K) = \lim_{\delta K \to 0} \frac{1}{\delta K} \left(C(K - \delta K) - C(K) \right) \tag{6.29}$$

$$= - \frac{\partial}{\partial K} \mathsf{C}(K) \qquad\qquad (6.30)$$

그러나 바닐라 콜옵션의 포트폴리오를 사용해 디지털 옵션을 복제하는 것은 현실적으로는 불가능하다.

그림 6.10에서 디지털 옵션의 행사가 베가를 나타냈다. (a)는 행사가 격자 간격이 5인 경우고 (b)는 행사가 간격이 1인 경우다. 스프레드 옵션의 결과와 달리 격자 간격을 변경할 때 (a)와 (b)의 결과에 많은 차이가 있다. 이는 디지털 옵션이 바닐라 옵션의 포트폴리오로 복제할 수 없고 $K = 100$에 특이점을 갖는 이색 옵션이라는 것과 연관이 있다. (c)는 격자 간격이 5이면서 격자점을 조정해 $K = 100$을 격자 간격 $[97.5, 102.5]$에 놓이게 했다. 결과적으로 나타난 행사가 베가는 (a)와 (c)가 일치하는 것을 볼 수 있다. 이것은 바닐라 옵션에서 행사가가 격자 간격에 놓인 경우 베가가 선형 배분되는 것과 다른 형태를 보여 주고 있다.

위의 결과에서 디지털 옵션의 베가 행렬은 격자점에 심하게 의존해 헤지를 위해 좋은 지표가 되지 못한다는 것을 알 수 있다. 현업에서는 $K = 100$에 존재하는 핀 리스크[pin risk]를 조절하려고 스프레드 옵션을 이용해 오버 헤지[over-hedge]를 하는 것이 일반적이다. 이런 경우는 디지털 옵션의 베가 행렬이 아니라 스프레드 옵션의 베가 행렬이 계산된다.

6.4.4 낙인 풋옵션

다음으로 하한 배리어[barrier] $KI = 70$, 행사가 $K = 100$, 만기 $T = 1$인 낙인 풋옵션을 고려한다. 그림 6.11과 표 6.2에 베가 행렬의 결과를 제시했다.

식 (I.2)에서 볼 수 있듯이 $(K, T) = (70, 1)$ 지점에서 불연속 특이점을 가진다. 베가 행렬의 값이 이 점 주위에 분포돼 있는 것을 볼 수 있다. 특이점으로 인해 생성되는 베가 분포이므로 앞의 디지털 옵션의 경우와 마

$T \backslash K$	65	70	75	80	85	90	95	100	105	110	115
0.00	0.0	-0.0	0.0	0.0	-0.0	-0.1	-0.2	-0.1	-0.1	-0.1	-0.0
0.25	-0.0	-0.4	0.0	0.2	0.1	0.0	0.1	0.1	0.0	-0.0	-0.0
0.50	-0.0	-2.8	-0.9	1.5	1.4	0.8	0.3	0.1	-0.0	-0.0	-0.0
0.75	-0.3	-21.2	-1.7	11.9	8.0	3.4	1.0	0.1	-0.2	-0.1	-0.1
1.00	-3.9	-13.1	75.4	25.1	7.8	2.7	1.2	3.4	-0.8	-0.3	-0.1
1.25	0.0	1.3	0.7	0.0	0.0	0.0	0.0	0.1	0.0	0.0	-0.0

표 6.2 하한 배리어 $KI = 70$, 행사가 $K = 100$, 만기 $T = 1$인 낙인 풋옵션에 대한 베가 행렬. 행은 $0.25Y$ 간격의 만기, 열은 5 간격의 행사가를 나타낸다.

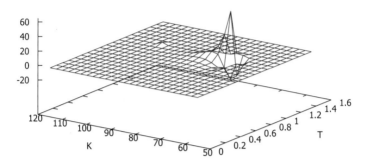

그림 6.11 하한 배리어 $KI = 70$, 행사가 $K = 100$, 만기 $T = 1$인 낙인 풋옵션에
대한 베가 행렬의 그래프

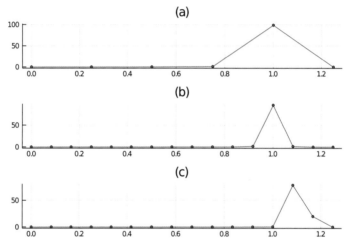

그림 6.12 하한 배리어 $KI = 70$, 행사가 $K = 100$, 만기 $T = 1$인 낙인 풋옵션에
대한 만기 베가: (a) 만기 격자 간격은 1/4 (b) 만기 격자 간격은 1/12 (c) 만기 격자
가격은 1/12, 낙인 풋옵션의 만기는 1.1Y

찬가지로 이는 격자점의 간격에 의존하게 된다. 그리고 $(K, T) = (100, 1)$
인 격자점에 베가가 분포해 있다.

배리어를 갖는 이색 옵션을 바닐라 옵션의 포트폴리오를 이용해 정
적 복제를 하는 것에 관해 Derman, et al.(1995)에서 자세하게 논의했다.

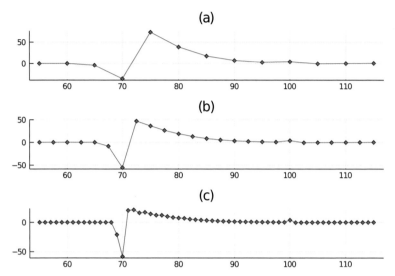

그림 6.13 하한 배리어 $KI = 70$, 행사가 $K = 100$, 만기 $T = 1$인 낙인 풋옵션에 대한 행사가 베가: (a) 행사가 격자 간격은 5 (b) 행사가 격자 간격은 2.5 (c) 행사가 격자 간격은 1

Derman의 논문에서 구체적인 언급이 없는 낙인 풋옵션은 부록 I에서 상세하게 설명했다. Derman의 바닐라 정적 복제인 식 (I.1)의 경우에는 바닐라 옵션의 행사가 $K = KI$이면 만기가 $0 \leq T \leq 1$인 풋옵션으로만 구성된다. 실제 베가 행렬에서는 $T = 1$에서 다양한 행사가에 베가가 분포하고 있다. 그러므로 Derman의 분해와 베가 행렬은 일치하지 않는 것을 볼 수 있다. 이는 부록 I에서 언급한 바닐라 옵션으로 구성된 포트폴리오를 이용한 배리어 옵션의 정적 복제가 유일하지 않다는 것과 일치한다.

그림 6.12는 만기 베가를 나타냈다. 바닐라 옵션의 베가 행렬인 그림 6.7과 같이 만기 시점에만 베가가 집중돼 있다. 이로부터 베가 행렬에서 나타나는 $T = 1$ 이외의 베가 분포는 같은 만기에서 행사가에 대한 합이 0이 되는 것을 알 수 있다.

그림 6.13에서 격자 간격이 (a) 5, (b) 2.5, (c) 1인 경우의 행사가 베

가를 나타냈다. 앞에서 언급했듯이 $K = 70$ 주위에서 격자 간격에 따라서
베가의 분포가 바뀌는 것을 볼 수 있다.

실무에서 낙인 풋옵션을 헤지하는 경우에 하한 배리어 KI를 $KI -$
δK, $(\delta K > 0)$로 이동하고 만기 T 시점의 수익 구조를 연속적으로 스프
레드를 이용해 오버헤지를 하는 것이 일반적이다. 배리어 이동의 경우에
베가 행렬은 $(K - \delta K, T)$ 점에 특이점이 있는 것으로 계산이 되므로 베
가 행렬의 계산에 도움이 되지 못한다. 그러나 스프레드 방식으로 불연속
을 제거하는 방식은 디지털 옵션과 마찬가지로 베가 행렬 계산에 도움이
된다.

6.4.5 ELS

한국에서 유행하는 스텝다운 ELS에 대한 베가 행렬이다. 계산에 사용한
ELS는 3년 만기, 6개월마다 조기 상환 $90/90/90/90/90/90$, KI $= 50$의
구조다. 표 6.3와 그림 6.15에서 베가 행렬의 표와 그래프를 나타냈다.

ELS는 혼합형 옵션이어서 간단한 옵션으로 분해할 수 없지만, 가격에
영향을 주는 큰 요소는 6개월마다 발생하는 조기 상환의 행사가 90의 디
지털 옵션과 만기 시에 원금 손실이 발생할 수 있는 하한 배리어 50, 행
사가 100의 낙인 풋옵션이다. 표 6.3에서 볼 수 있듯이 6개월마다 행사
가 90 주위에서 디지털 옵션의 영향으로 베가가 분포한다. 그리고 낙인
풋옵션의 영향으로 3년째 행사가 50 주위에 베가가 분포하고 있다. 이는
앞에서 살펴본 디지털 옵션과 낙인 풋옵션의 특이점에서 기인한 것이다.

그림 6.15는 현재 주가 S_0가 변할 때 ELS의 만기 베가를 나타낸 것이
다. 조기 상환이 있는 6개월마다 베가가 분포하고 있는 것을 볼 수 있다.
현재 주가 S_0가 100, 80, 60으로 내려가면 조기 상환 확률이 줄어들고 만
기에 상환될 확률이 높아지게 된다. 그림 6.15에서 만기 베가의 분포가

$T \setminus K$	45	50	55	60	65	70	75	80	85	90	95	100	105
0.00	0.0	-0.0	-0.0	-0.0	-0.0	-0.0	-0.0	-0.0	0.0	0.1	0.1	0.1	0.1
0.25	0.0	0.0	-0.0	-0.0	-0.0	-0.0	-0.0	0.0	0.5	-0.2	-0.4	0.1	0.1
0.50	0.0	0.0	-0.0	-0.0	-0.1	-0.2	-0.6	-1.4	20.6	-24.4	-25.6	1.1	0.4
0.75	0.0	0.2	-0.1	-0.3	-0.5	-0.9	-1.4	-1.8	-1.2	-1.1	0.8	2.2	1.7
1.00	0.0	0.4	-0.2	-0.7	-1.0	-1.1	-1.0	-0.8	9.4	-10.5	-7.7	2.7	1.2
1.25	0.0	0.8	-0.1	-1.2	-1.5	-1.5	-1.4	-1.0	-0.0	0.5	1.4	1.7	1.1
1.50	0.0	1.2	-0.0	-1.6	-2.0	-1.7	-1.0	-0.4	4.7	-5.6	-2.0	1.9	0.8
1.75	0.1	1.7	0.2	-1.8	-2.4	-2.1	-1.3	-0.5	0.6	1.3	1.6	1.2	0.7
2.00	0.1	2.3	0.5	-2.2	-2.8	-2.1	-1.0	-0.2	1.3	-2.2	1.1	1.1	0.4
2.25	0.1	3.3	0.9	-2.8	-3.3	-2.3	-0.9	0.1	0.8	1.2	1.2	0.8	0.4
2.50	0.1	5.4	1.3	-4.4	-4.0	-1.7	0.0	0.6	1.6	-1.6	0.3	0.6	0.2
2.75	0.3	16.7	-3.4	-10.3	-4.1	-0.4	0.4	-0.1	-0.5	-0.8	0.1	0.5	0.4
3.00	3.0	-2.2	-39.2	-8.9	-1.3	0.2	0.6	0.9	7.4	-3.9	-5.6	1.1	0.4
3.25	-0.0	-0.8	-0.2	-0.0	0.0	0.0	0.0	0.0	0.2	0.0	-0.1	-0.0	0.0

표 6.3   90/90/90/90/90/90, $KI = 50$인 ELS에 대한 베가 행렬

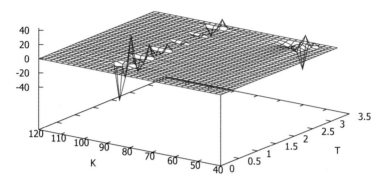

그림 6.14   90/90/90/90/90/90, $KI = 50$인 ELS에 대한 베가 행렬의 그래프

이러한 현상을 반영하고 있는 것을 볼 수 있다.

그림 6.16는 ELS의 행사가 베가를 나타낸 것이다. 행사가 50과 행사가 90은 각각 낙인 풋옵션과 디지털 옵션의 특이점의 영향을 받는다. 앞의 절에서 설명한 것과 같이 이러한 특이점 주위에서는 베가의 분포가 격자점에 의존하게 된다. 그림 6.16에서 격자 간격을 5, 2.5, 1로 변경할 때 행사가 50과 90 주의의 베가 분포에 변화가 있는 것을 볼 수 있다(특히 행사가 90 주위).

그림 6.17에서는 현재 주가 S_0가 변할때, 행사가 베가의 변화를 나타냈다. 현재가가 변경될 때 ELS의 블랙-숄즈 베가의 변화는 다음과 같다 (원금이 100인 경우).

S_0	100	80	60
ν_{BS}	−57.9	−86.2	−52.2

S_0가 감소함에 따라서 블랙-숄즈 베가의 절대값은 증가하다가 감소하는 추세를 보인다. 이와 무관하게 그림 6.17에서는 S_0가 감소할 때 행사가 베가는 행사가 90 주위에 더 집중되는 경향을 보이고 있다.

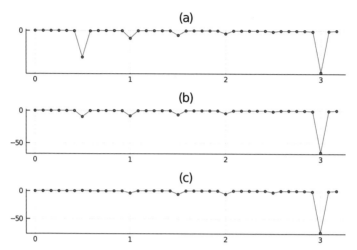

그림 6.15 90/90/90/90/90/90, $KI = 50$인 ELS의 만기 베가. 격자 간격은 $1/12Y$: (a) 현재 주가 $S_0 = 100$ (b) 현재 주가 $S_0 = 80$ (c) 현재 주가 $S_0 = 60$

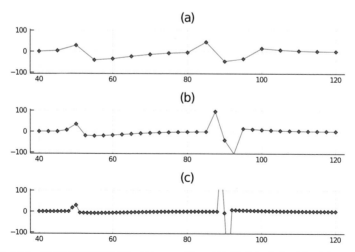

그림 6.16 90/90/90/90/90/90, $KI = 50$인 ELS의 행사가 베가: (a) 격자 간격 5 (b) 격자 간격 2.5 (c) 격자 간격 1

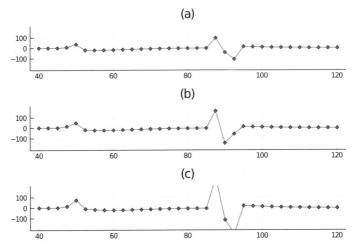

그림 6.17   90/90/90/90/90/90, $KI = 50$인 ELS의 행사가 베가. 격자 간격은 2.5:
(a) 현재 주가 $S_0 = 100$ (b) 현재 주가 $S_0 = 80$ (c) 현재 주가 $S_0 = 60$

6.5 나가면서

여기서는 내재 변동성 곡면을 사용하는 모형에서 베가 행렬을 알아봤다.
내재 변동성 곡면을 단순하게 텐트 함수를 이용해 범핑을 하면 차익 거래
가 발생해 이를 회피할 수 있는 곡면 범핑을 소개했다.

수치 결과에서 ELS에서 존재하는 디지털 옵션과 낙인 풋옵션의 특이
점이 베가 행렬에서 큰 값으로 나타나는 것을 보았고, 이를 조절하려면 스
프레드 타입의 오버 헤지가 중요해지는 것을 알 수 있다. 하지만 트레이
더의 북에 있는 다양한 ELS로 구성된 포트폴리오를 계산하는 경우 특이
점에서 발생하는 베가값이 베가 행렬의 전체에 분포하게 될 것이다. 이런
경우 베가 행렬에만 의존해 베가 헤지를 하는 것은 위험하다.

마지막으로 문서를 작성하는 중에 발견한 Henry(2013)의 논문에서는
베가 행렬을 계산하는 색다른 방식을 제시하고 있다.

7장

이산 배당

7.1 주가 모형

t_1 시점에 현금 배당$^{cash\ dividend}$ D를 지급하는 주식의 주가 모형을 생각한다. 위험 중립 측도$^{risk\ neutral\ measure}$에서 금리 r와 변동성 σ가 상수인 경우에 다음과 같이 표현할 수 있다.

$$dS = (rS - D\,\delta(t - t_1))\,dt + \sigma S\,dW \tag{7.1}$$

여기에서 $W(t)$는 위너 프로세스이고 $\delta(t)$는 디랙의 델타 함수$^{delta\ function}$다. 식 (7.1)이 의미하는 것은 t_1을 제외하고는 일반 기하 브라운 운동과 동일하며 $t = t_1$에서 D의 배당락이 발생한다.

$$S(t = t_1^+) = S(t = t_1^-) - D \tag{7.2}$$

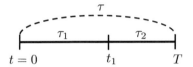

그림 7.1 현재 시점은 0, 옵션 만기는 T, 배당일은 t_1, $\tau_1 = t_1$, $\tau_2 = T - t_1$, $\tau = T$ 임을 보여 주는 다이어그램

$t_1 < T$일 때 $S(t_0) = S_0$, $\tau_1 = t_1 - t_0$, $\tau_2 = T - t_1$, $\tau = T - t_0$라 표기하면 식 (7.1)의 해는 다음과 같다.

$$
\begin{aligned}
S(T) &= \left(S(t_1) - D \right) e^{(r - \sigma^2/2)\tau_2 + \sigma Y_2 \sqrt{\tau_2}} \\
&= \left(S_0\, e^{(r - \sigma^2/2)\tau_1 + \sigma Y_1 \sqrt{\tau_1}} - D \right) e^{(r - \sigma^2/2)\tau_2 + \sigma Y_2 \sqrt{\tau_2}} \quad (7.3) \\
&= S_0\, e^{(r - \sigma^2/2)\tau + \sigma Y \sqrt{\tau}} - D\, e^{(r - \sigma^2/2)\tau_2 + \sigma Y_2 \sqrt{\tau_2}}
\end{aligned}
$$

여기에서 Y_1, Y_2는 표준 정규 분포 $N(0,1)$을 따르면서 서로 독립인 확률 변수이며

$$
Y = \frac{\sqrt{\tau_1}\, Y_1 + \sqrt{\tau_2}\, Y_2}{\sqrt{\tau}} \sim N(0,1) \tag{7.4}
$$

이다. $\mathbb{E}(e^{\sigma Y}) = e^{\sigma^2/2}$임을 이용하면 $S(T) = S_T$의 분포는 아래와 같다.

$$
\begin{aligned}
\mathbb{E}(S_T) &= S_0 e^{r\tau} - D\, e^{r\tau_2} \\
&= \left(S_0 - D\, e^{-r\tau_1} \right) e^{r\tau} \\
\mathsf{Var}(S_T) &= S_0^2 e^{2r\tau} (e^{\sigma^2 \tau} - 1) + D^2 e^{2r\tau_2}(e^{\sigma^2 \tau_2} - 1) \\
&\quad - 2 S_0 D e^{r(\tau + \tau_1)}(e^{\sigma^2 \tau_2} - 1) \\
&\approx S_0^2 \sigma^2 \tau - 2 S_0 D \sigma^2 \tau_2 \\
&\approx S_0^2 \sigma^2 \tau_1 + (S_0 - D)^2 \sigma^2 \tau_2
\end{aligned} \tag{7.5}
$$

위의 계산 결과로부터 평균은 $t = 0$에서 주가를 S_0 대신 $S_0 - D\, e^{-r\tau_1}$를

사용하는 것과 같음을 알 수 있고, 분산은 식 (4.1)의 가산성[additivity]에서 배당락이 발생하기 전의 값 $S_0^2 \sigma^2 \tau_1$과 배당락 후의 값 $(S_0 - D)^2 \sigma^2 \tau_2$의 합으로 나타나는 것을 알 수 있다.

7.2 바닐라 옵션

이산 배당을 고려하는 식 (7.1)에서 옵션이 만족하는 블랙-숄즈 공식은 파인만-카츠의 정리[Feynman-Kac theorem]를 이용해 수정할 수 있다.

$$\frac{\partial f}{\partial t} + (rS - D\,\delta(t - t_1)) \frac{\partial f}{\partial S} + \frac{\sigma^2}{2} S^2 \frac{\partial^2 f}{\partial S^2} = rf \tag{7.6}$$

옵션 만기 시점 T에서 옵션의 수익 구조[payoff]로부터 최종 조건[final condition]을 결정한다.

다른 방법으로 옵션의 가격은 위험 중립 측도에서 만기 수익의 평균의 할인으로 표현된다.

$$f(t) = e^{-r(T-t)} \, \widetilde{\mathbb{E}}[f(T)|\mathcal{F}_t] \tag{7.7}$$

이로부터 t_1^- 시점과 t_1^+ 시점의 옵션 가격은 아래와 같다.

$$\begin{aligned} f(t_1^+) &= e^{-r(T-t_1^+)} \, \widetilde{\mathbb{E}}[f(T)|\mathcal{F}_{t_1^+}] \\ f(t_1^-) &= e^{-r(T-t_1^-)} \, \widetilde{\mathbb{E}}[f(T)|\mathcal{F}_{t_1^-}] \end{aligned} \tag{7.8}$$

배당 금액 D가 이미 결정된 경우에는 t_1^-와 t_1^+ 사이에는 확률 과정이 존재하지 않고 배당락만 있을 뿐이다. 그러므로 옵션 가격은 다음의 관계를 만족한다.

$$f(S, t_1^+) = f(S + D, t_1^-) \tag{7.9}$$

이산 배당이 있는 경우에 옵션의 가격을 계산하는 방법은 유한 차분법

을 이용하는 것이 일반적이다. 만기 시점의 최종 조건에서 시간의 역방향
으로 진행해 배당락 발생 전인 t_1^+ 시점의 옵션 가격을 계산한 후에 조건
식 (7.9)을 사용해 t_1^- 의 값을 계산한다.

바닐라 옵션의 경우에는 효율적인 계산을 위해 다양한 근사식이 알려
져 있는데, 여기서는 두 가지 방법을 소개한다.

7.2.1 방법 I: 모멘트 일치법

이산 배당이 있는 경우의 주가 분포의 1차 모멘트(평균)와 2차 모멘트(분
산)가 배당이 없는 주가 분포의 평균과 분산이 일치하도록 조정하는 방법
이다. 식 (7.5)에서 $S_0^* = S_0 - D\,e^{-r\tau_1}$을 사용하면 평균은 일치하고, 분
산이 일치하려면 다음을 만족해야 한다.

$$S^* \sigma^{*2} \tau = S_0^2 \sigma^2 \tau_1 + (S_0 - D)^2 \sigma^2 \tau_2 \tag{7.10}$$

즉

$$\sigma^* = \sigma \sqrt{1 + 2\,\frac{D}{S_0}\,\frac{t_1}{T}} \tag{7.11}$$

임을 알 수 있다. 초기의 주가가 배당으로 인해 작아졌기 때문에 같은 분
산을 가지려면 변동성이 증가해야 한다는 것을 알 수 있다. 그림 7.2에서
는 주가의 로그 수익률의 표준화 값을 나타냈다.

$$Y = \frac{\log(S(T)/S^*) - (r - \sigma^*/2)T}{\sigma^* \sqrt{T}} \tag{7.12}$$

1차, 2차 모멘트를 일치시켰지만 배당 D가 커짐에 따라서 Y의 분포가 정
규 분포와 차이가 나는 것을 볼 수 있다. 이것은 이산 배당이 있는 경우에
Y는 정규 분포가 아닌 것을 의미한다.

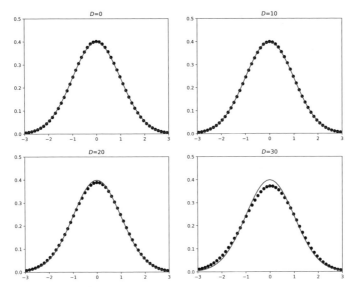

그림 7.2 r=4%, σ=20%, T=1, t_1=0.5. D=0, 10, 20, 30인 경우에 주가의 수익률 분포를 파란색 점으로 나타냈다. 붉은 실선은 표준 정규 분포의 확률 밀도 함수를 나타 낸다. D가 증가함에 따라서 정규 분포와 차이가 나는 것을 볼 수 있다.

7.2.2 방법 II: BV 조정법

Bos and Vandermark(2002)에서는 배당락의 영향을 바닐라 옵션의 행 사가 변동으로 해석했다. 구체적인 유도는 부록 F에서 설명했고, 결과만 서술하면 다음과 같다.

$$S^* = S - \left(1 - \frac{t_1}{T}\right) D\, e^{-rt_1}$$
$$K^* = K + \frac{t_1}{T} D\, e^{r(T-t_1)}$$

(7.13)

배당 지급이 여러 번에 걸쳐서 발생하는 경우의 공식은 Haug(2007)에 나 와 있다.

배당 D가 발생하면 선도 가격의 하락으로 행사가가 상승하는 효과를 가진다. 바닐라 콜옵션의 경우는 아래와 같다.

$$
\begin{aligned}
[S(T) - K]^+ &\approx [(S_0 - D\,e^{-r\tau_1})\,e^{r\tau} - K]^+ \\
&= [S_0\,e^{r\tau} - (K + D\,e^{r\tau_2})]^+
\end{aligned}
\tag{7.14}
$$

풋옵션의 경우에도 비슷한 관계식이 성립한다. 식 (7.13)은 배당의 초기 주가에 대한 영향과 행사가에 대한 영향을 배당 시점까지의 시간을 고려해 선형적으로 분배한 효과를 가진다.

그림 7.3에 $S_0 = 100$, $r = 4\%$, $\sigma = 20\%$, $T = 1$, $D = 10$인 경우에 옵션 가격을 계산해 비교했다. 검은 실선은 유한차분법으로 계산한 결과이며 푸른 실선은 방법 I, 붉은 실선은 방법 II의 계산 결과다. 바닐라 옵션은 행사가에 따라 OTM인 경우만을 고려했는데 선도 가격^{forward price}과 비교하면 다음과 같다.

$$
\begin{aligned}
K &< (S_0 - De^{-r\tau_1})e^{r\tau} \quad : \quad \text{put option} \\
K &> (S_0 - De^{-r\tau_1})e^{r\tau} \quad : \quad \text{call option}
\end{aligned}
$$

그림에서 살펴보면 $t_1 = 0.1$, 0.9에서 오차를 갖는 것을 볼 수 있다. 이는 배당의 효과를 극명하게 보기 위해 $D = 10$의 값이 큰 것에 기인한 것이다. 시장에서 일반적인 배당 값은 $D \approx 2$임을 고려하면 두 가지 방법의 근사는 그림 7.4에서 보는 바와 같이 현업에서 사용하는 데 큰 무리가 없어 보인다.

$t_1 < 0.5$인 경우에는 오차(근사 가격 − FDM 가격)가 음수이고, $t_1 > 0.5$일 때는 오차가 양수다. $t_1 = 0.5$인 경우에는 오차가 거의 없어지는 것을 볼 수 있다. 이는 옵션의 잔존 만기가 T일 때 배당이 $T/2$의 앞과 뒤에 균등하게 분포돼 있으면 오차가 상쇄될 수 있음을 의미한다.

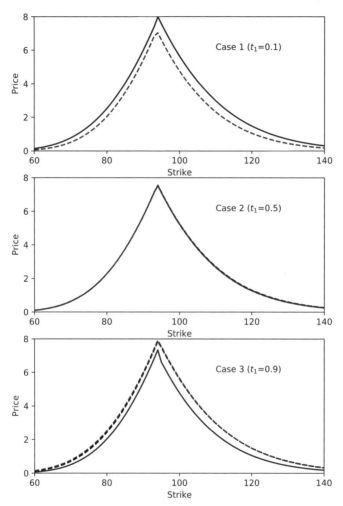

그림 7.3 S_0=100, r=4%, σ=20%, T=1, D=10인 경우에 OTM 옵션의 가격을 비교했다. 검은 실선은 FDM, 푸른 실선은 방법 I, 붉은 실선은 방법 II의 결과를 나타낸다. 배당 지급 시점 t_1= 0.1, 0.5, 0.9인 경우의 결과를 제시했다.

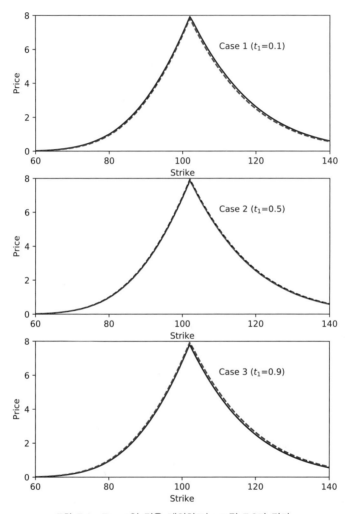

그림 7.4 $D = 2$인 것을 제외하고는 그림 7.3과 같다.

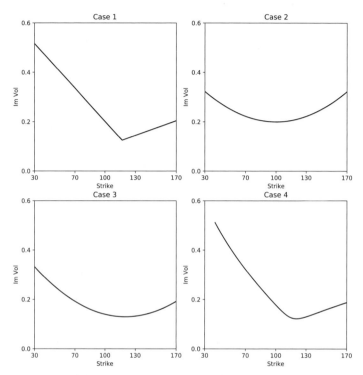

그림 7.5 $T = 1$ 시점에서의 변동성 곡면. y로 전환해 $G(y, T)$ 곡면을 생성했다. 구체적인 변동성의 수식은 본문 참조

7.3 변동성 곡면

시장에서 거래되는 옵션 가격에서 블랙-숄즈 공식을 이용해 변동성을 역산해 구한 값을 내재 변동성이라고 한다. 내재 변동성은 옵션 행사가 K와 잔존 만기 T에 따라서 다른 값을 갖는 것을 관찰할 수 있다. 이러한 현상을 스마일 또는 스큐라고 하고, 내재 변동성은 변동성 곡면 $\hat{\sigma}(K, T)$으로 나타난다. 내재 변동성 곡면을 이용해 이색 옵션을 평가할 시에는 변동성 스마일을 고려하는 고급 모형이 필요하다. 많은 모형들이 연구돼 있지만, 현업에서는 계산 속도와 편의성으로 국소 변동성 모형을 이용해 이색 옵

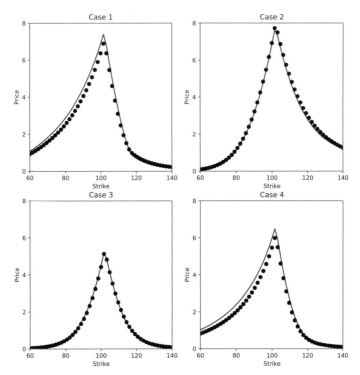

그림 7.6 S_0=100, r=4%, T=1, D=2인 경우에 OTM 옵션의 가격을 비교했다. 붉은
실선은 방법 II를 이용한 내재 변동성 곡면 평가값이고, 푸른 점들은 국소 변동성 곡면을
이용한 FDM의 결과다. 각각의 경우 그림 7.5에서 대응하는 변동성 곡면을 사용했다.
배당 지급 시점 t_1= 0.1이다.

션을 평가하는 것이 일반적이다.

국소 변동성 모형은 변동성이 $\sigma = \sigma(S, t)$임을 가정한다. 식 (7.6)의
블랙-숄즈 편미분 방정식은 아래와 같이 변형된다.

$$\frac{\partial f}{\partial t} + (rS - D\,\delta(t - t_1))\frac{\partial f}{\partial S} + \frac{\sigma(S, t)^2}{2}S^2\frac{\partial^2 f}{\partial S^2} = rf \qquad (7.15)$$

내재 변동성 곡면이 매끈smooth하다고 가정하면 이산 배당이 없는 경우
에 주어진 내재 변동성 곡면으로부터 Dupire 공식을 이용해 국소 변동성

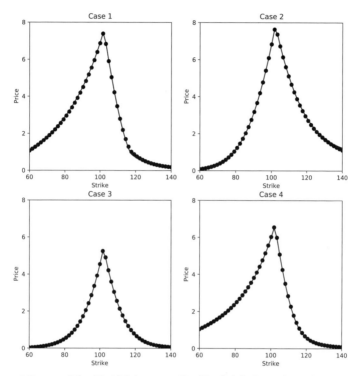

그림 7.7 배당 지급 시점이 $t_1 = 0.5$인 것을 제외하고는 그림 7.6과 같다.

곡면을 구할 수 있다(Rebonato, 2004 또는 Fengler, 2005).

$$\sigma^2(K, T) = 2 \frac{\frac{\partial \widehat{\sigma}}{\partial T} + \frac{\widehat{\sigma}}{T} + 2Kr\frac{\partial \widehat{\sigma}}{\partial K}}{K^2 \left[\frac{\partial^2 \widehat{\sigma}}{\partial K^2} - d_1 \sqrt{T} \left(\frac{\partial \widehat{\sigma}}{\partial K} \right)^2 + \frac{1}{\widehat{\sigma}} \left(\frac{1}{K\sqrt{T}} + d_1 \frac{\partial \widehat{\sigma}}{\partial K} \right)^2 \right]}$$

$$d_1 = \frac{\log(S/K) + (r + \widehat{\sigma}^2/2)T}{\widehat{\sigma}\sqrt{T}}$$

$$(7.16)$$

그러나 이산 배당이 존재하는 경우에는 변동성 곡면에 불연속이 발생한다. 만기가 t_1^+와 t_1^-인 콜옵션을 생각한다. 식 (7.2)과 (7.9)에서부터 아

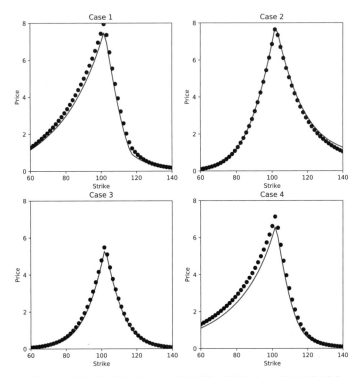

그림 7.8 배당 지급 시점이 $t_1 = 0.9$인 것을 제외하고는 그림 7.6과 같다.

래의 관계를 갖는 것을 알 수 있다.

$$(S(t_1^+) - K)^+ = (S(t_1^-) - D - K)^+ = (S(t_1^-) - (K + D))^+ \quad (7.17)$$

이를 변동성 곡면으로 표현하면 다음과 같다.

$$\hat{\sigma}(K, t_1^+) = \hat{\sigma}(K + D, t_1^-) \quad (7.18)$$

그러므로 이산 배당을 고려하는 경우에 식 (7.16)은 유용하지 않다.

이산 배당이 있는 경우에는 Bergomi(2016)에서 제시한 근사법을 사용했다. 불연속이 발생하는 내재 변동성 곡면을 사용하지 않고 **총분산**total variance을 로그 머니니스 영역에서 고려한다.

$$G(y,T) = T \, \hat{\sigma}^2(K,T)$$

$$y = \log \frac{K + \delta K}{S_0 - \delta S} - rT$$

$$\delta S = \begin{cases} \frac{T-t_1}{T} \, D \, e^{-rt_1} & \text{for } T > t_1 \\ 0 & \text{for } T < t_1 \end{cases} \tag{7.19}$$

$$\delta K = \begin{cases} \frac{t_1}{T} \, D \, e^{r(T-t_1)} & \text{for } T > t_1 \\ 0 & \text{for } T < t_1 \end{cases}$$

t_1^- 와 t_1^+ 에서 값을 비교해 보면

$$\delta S^- = \delta S^+ = 0$$

$$\delta K^- = 0, \qquad \delta K^+ = D \tag{7.20}$$

$$y^- = \log(K/S_0) - rt_1^-, \quad y^+ = \log\left((K + D)/S_0\right) - rt_1^+$$

식 (7.18)로부터

$$
\begin{aligned}
G(y^-, t_1^-) &= t_1^- \, \hat{\sigma}(S_0 e^{rt_1^- + y^-}, t_1^-) \\
&= t_1^+ \, \hat{\sigma}(S_0 e^{rt_1^+ + y^+} - D, t_1^+) \\
&= G(y^+, t_1^+)
\end{aligned}
\tag{7.21}
$$

그러므로 $G(y,T)$는 연속 함수다. Gatheral(2006)에서 언급된 것처럼 $G(y,T)$으로 변환된 Dupire 공식을 사용하면 국소 변동성을 구할 수 있다.

$$\sigma^2(y,T) = \frac{\frac{\partial G}{\partial T}}{1 - \frac{y}{G}\frac{\partial G}{\partial y} + \frac{1}{4}\left(-\frac{1}{4} - \frac{1}{G} + \frac{y^2}{G^2}\right)\left(\frac{\partial G}{\partial y}\right)^2 + \frac{1}{2}\frac{\partial^2 G}{\partial y^2}} \tag{7.22}$$

계산에 사용한 변동성 곡면을 그림 7.5에 나타냈다. 구체적인 수식은

다음과 같다.[1]

Case 1 : $\widehat{\sigma}(K, T = 1) = 12.5\% + 45 \times (117 - K)^+$

$$+ 15 \times (K - 117)^+$$

Case 2 : $\widehat{\sigma}(K, T = 1) = 20\% + 0.25 \times (K/100 - 1)^2$

Case 3 : $\widehat{\sigma}(K, T = 1) = 13\% + 0.25 \times (K/100 - 1.2)^2$

Case 4 : SABR model with $S_0 = 100$, $F = 104$, $T = 1$,

$$\beta = 1.0,\ \alpha = 0.16264,\ \rho = -0.727478,\ \nu = 1.18431$$

(7.23)

K 영역에서 정의된 변동성을 y 영역으로 변환한 후에 $G(y, T)$가 T에 무관하도록 결정했다.

그림 7.6, 7.7, 7.8에 OTM 옵션의 가격을 두 가지 방법으로 계산해 비교했다. 붉은색 실선은 내재 변동성을 이용해 방법 II (BV-조정방법)의 이산 배당의 근사 방법을 이용해 계산했다. 푸른 점선은 식 (7.22)를 이용해 국소 변동성 곡면을 구한 후에 유한 차분법을 이용한 값이다. 그림에서 공통으로 사용된 변수의 값은 $S_0 = 100$, $T = 1$, $r = 4\%$, $D = 2$다. 그림 7.6, 7.7, 7.8의 차이는 배당락 시점 $t_1 = 0.1$, 0.5, 0.9의 차이이다.

그림에서 오차의 크기가 스큐의 크기와 비례하는 것을 볼 수 있다. 그림 7.5에서 스큐는 case 1, 4의 왼쪽 편이 큰 편인데 그림 7.6, 7.8에서 이 부분에서 상대적으로 큰 오차를 보여 주고 있다. 그림 7.7에서는 $t_1 = 0.5$의 대칭성으로 오차가 감소하는 현상을 보여 준다. 이는 앞의 그림 7.3과 비슷한 현상으로 여겨진다. 또한 그림 7.6, 7.8의 오차의 부호가 반대인 것도 앞의 현상과 동일하다.

---

1. SABR 모형은 Hagan(2002)를 참조했다.

8 장

헤지 변동성

옵션을 발행한 후에 블랙-숄즈를 이용해 델타 헤지를 하는 것이 전형적인 옵션 발행자의 전략이다. 블랙-숄즈의 식은 현재 주가 S_0, 행사가 K, 금리 r, 변동성 σ, 만기 T, 배당 q를 입력 변수로 요구하는데 이 중에서 변동성은 쉽게 결정할 수 있는 값이 아니다. 헤지에 사용하는 변동성에 대해 많은 연구가 이뤄졌지만, 대부분의 연구가 시장에 옵션이 활발하게 거래가 된다는 것을 가정해 옵션 시장가에서 역산해 구한 내재 변동성을 사용하는 것이 대부분이다.

ELS를 포함한 장외^{OTC}에서 거래되는 대부분의 옵션은 발행 시점과 만기 시점 외에는 가격을 알 수 없는 것이 일반적이다. 이런 경우에는 옵션 헤지에 내재 변동성을 구해 사용하는 것이 불가능하다. 이런 경우에는 헤지를 위해서 역사적 변동성을 사용하는 것이 일반적인 방법이다.

여기에서는 헤지에 사용하는 변동성이 헤지 성과에 미치는 영향을 분석하고자 한다. 일반적으로 헤지 변동성을 정확하게 결정하는 것은 힘들기 때문에 헤지 변동성을 변경해 헤지 성과를 분석하고 시뮬레이션을 해 결과를 제시한다.

8.1 헤지 운용 성과

만기 T, 행사가 K인 콜옵션을 시장가 $f_0(\hat{\sigma})$로 매도한 후에 델타 헤지를 하는 경우를 생각한다. 블랙-숄즈 공식에 헤지 변동성 σ_h를 이용해 $\delta t = T/N(= 1/250\text{Year} = 1\text{Day})$의 간격으로 델타를 리밸런싱^{rebalancing} 한다. 즉, $t_i = i\,\delta t, (i = 0, \cdots, N)$ 시점에 자산으로 보유하는 주식 수량은 $\Delta(\sigma_h)$이다. 만기 시점 T에서 헤지 운용자의 최종 손익은 다음이다.

$$\text{PnL} = f_0(\hat{\sigma})e^{r\tau_0} - f_N - \Delta_0(\sigma_h)S_0 e^{r\tau_0}$$

$$- \sum_{i=1}^{N} \{\Delta_i(\sigma_h) - \Delta_{i-1}(\sigma_h)\} S_i e^{r\tau_i} + \Delta_N(\sigma_h)S_N \quad (8.1)$$

여기에서 하첨자는 t_i 시점의 값을 의미하며 $\tau_i = T - t_i = T - i\,\delta t$는 잔존 만기다. 그리고 여기에서는 변동성을 구체적으로 기술했지만 앞으로 혼돈의 우려가 없는 경우를 제외하고는 생략한다. 식 (8.1)은 발행 시에 받은 옵션의 프리미엄과 발행 시점부터 만기까지 델타 헤지에 필요한 주식을 추가 매수하기 위한 금융 비용, 그리고 만기 시의 주식의 평가 가격, 마지막으로 만기 시점에 지급해야 하는 옵션 가격의 합이다.

식(8.1) 우변의 두 번째 항을 아래와 같이 표현할 수 있다.

$$\sum_{i=1}^{N} \{\Delta_i - \Delta_{i-1}\} S_i e^{r\tau_i} = \Delta_N S_N - \Delta_0 S_1 e^{r\tau_1}$$

$$+ \sum_{i=1}^{N-1} \Delta_i (S_i e^{r\tau_i} - S_{i+1} e^{r\tau_{i+1}}) \quad (8.2)$$

식 (8.2)를 식 (8.1)에 대입해 정리하면 다음과 같다.

$$\text{PnL} = f_0 e^{r\tau_0} - f_T$$

$$+ \sum_{i=0}^{N-1} \Delta_i\, \delta S_{i+1} e^{r\tau_{i+1}} - \sum_{i=0}^{N-1} r\Delta_i S_i e^{r\tau_{i+1}}\delta t \qquad (8.3)$$

여기에서 $\delta S_{i+1} = S_{i+1} - S_i$이다. 식 (8.1)은 t_i 시점에 델타 Δ_i를 맞추고자 주식 수량 $\Delta_i - \Delta_{i-1}$을 추가 매수하는 데 필요한 금융 비용을 고려한 것이다. 식 (8.2)은 t_i 시점에 보유하고 있는 주식 Δ_{i-1}을 모두 매도하고 다시 Δ_i를 모두 매수하는 데 필요한 금융 비용으로 나타낸 것이다. 이를 식 (8.3)에서는 t_{i-1} 시점에 매수한 주식 Δ_{i-1}을 t_i 시점에 매도할 때 주가 변동에 따른 손익과 하루 동안의 금융 비용으로 표현한 것이다. 이러한 3개의 식은 현금 흐름을 보는 관점의 차이일 뿐이지 실제로는 같은 값이다.

여기에서부터는 해석의 간결함을 위해 $r = 0$을 가정해 금리의 영향을 무시한다. 금리까지 고려한 식의 전개는 부록 A에 제시한다. 금리의 영향을 무시한 델타 헤지의 손익은 아래와 같다.

$$\text{PnL} = f_0 + \sum_{i=0}^{N-1} \Delta_i \, \delta S_{i+1} - f_T \qquad (8.4)$$

식 (8.4) 우변의 두 번째 항은 주식 운용의 손익이며, 매도한 옵션의 가격과 그릭으로 표현할 수 있다.

$$
\begin{aligned}
\sum_{i=0}^{N-1} \Delta_i \, \delta S_{i+1} &= \sum_{i=0}^{N-1} \delta f_{i+1} + \sum_{i=0}^{N-1} \delta(-f_{i+1} + \Delta_i S_{i+1}) \\
&\approx f_T - f_0(\sigma_h) + \sum_{i=0}^{N-1} \frac{S_i^2}{2} \Gamma_i \left(\sigma_h^2 - \sigma_a^2 \right) \delta t
\end{aligned}
\qquad (8.5)
$$

최종적으로 헤지 운용의 손익은 다음과 같이 나타난다.

$$\text{PnL} = f_0(\hat{\sigma}) - f_0(\sigma_h) + \sum_{i=0}^{N-1} \frac{S_i^2}{2} \Gamma_i \left(\sigma_h^2 - \sigma_a^2 \right) \delta t \qquad (8.6)$$

식 (8.6)의 우변에서 $f_0(\hat{\sigma})$은 시장가, $f_0(\sigma_h)$는 이론가이며, 이들의 차이는 흔히 발행일 손익[Day-1 손익]이라고 한다. 마지막 항은 헤지 변동성 σ_h과 실현 변동성 σ_a의 차이로 나타나는 헤지 오차다. 이에 대해서는 많은 연구가 이뤄졌지만 정확한 표현식을 구하는 것은 불가능하므로 여기에서는 Sepp(2013)의 근사식을 사용한다. 최종적으로 PnL의 평균과 분산에 대한 근사식을 다음과 같이 구할 수 있다.

$$\mathbb{E}(\text{PnL}) = f_0(\hat{\sigma}) - f_0(\sigma_h) + \left(\sigma_h^2 - \sigma_a^2\right) T \, \overline{\Gamma}_{df} \tag{8.7a}$$

$$\text{Var}(\text{PnL}) = \overline{\Gamma_{df}^2} \, \frac{\pi\sqrt{3}}{4} \, \frac{2\sigma_a^4 T^2}{N}$$
$$+ (\sigma_h^2 - \sigma_a^2)^2 \, T^2 \left(\overline{\Gamma_{df}^2} - (\overline{\Gamma}_{df}^2) \right) \tag{8.7b}$$

$$\overline{\Gamma}_{df} = \Gamma(0, T, S_0, \sqrt{(\sigma_r^2 + \sigma_a^2)/2}) \tag{8.7c}$$

$$\overline{\Gamma_{df}^2} = \frac{\sigma_h \Gamma^2(0, T/2, S_0, \sigma_h)}{\sqrt{2\sigma_a^2 + \sigma_h^2}} \tag{8.7d}$$

8.2 시뮬레이션

실제 계산에 사용한 콜옵션의 평가 변수는 $S_0 = 100$, $K = 100$, $r = 1\%$, $\hat{\sigma} = 20\%$, $T = 1$이다. 이 경우의 콜옵션의 가격은 $f_0(\hat{\sigma}) \approx 8.43$ 이다. 아래의 기하 브라운 운동^{GBM}을 이용해 생성한 가상 주가를 이용해 식 (8.1)의 값을 수치적으로 계산했다.

$$dS/S = \mu \, dt + \sigma_a \, dW \tag{8.8}$$

여기에서 W는 브라운 운동$^{\text{Brownian motion}}$이고, $\mu = r$, $\sigma_a = \hat{\sigma}$을 이용했다. 100,000개의 주가 경로를 생성해 각각에 대해 식 (8.1)을 계산한 후에 전체 샘플에 대한 평균과 표준편차를 계산했고 이를 Sepp의 결과인 식 (8.7)과 비교했다.

　　그림 8.1은 헤지 변동성 σ_h를 변경하면서 얻은 손익의 평균을 나타냈다. 시뮬레이션 결과 헤지 변동성에 관계없이 손익의 평균은 0이 되는 것

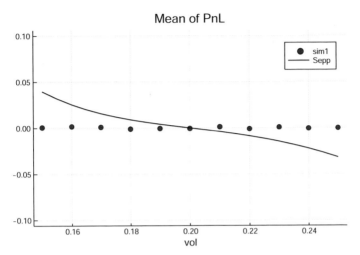

그림 8.1 $S_0 = 100$, $K = 100$, $r = 1\%$, $\hat{\sigma} = 20\%$, $T = 1$인 경우 σ_h를 변경하면서 콜옵션 델타 헤지의 손익의 평균값을 나타냈다. 시뮬레이션은 100,000번 수행해 마크로 표시했고, Sepp의 근사식은 실선으로 표시했다. 시뮬레이션의 결과는 평균이 0 주위의 값임을 보여 주고 있다.

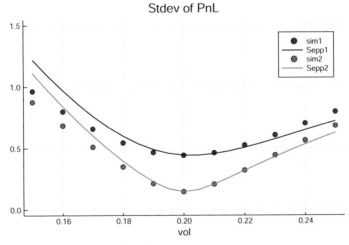

그림 8.2 그림 8.1과 같은 경우에서 손익의 편차를 나타냈다. 첫 번째 경우는 $\delta t = 1/250$이고 두 번째 경우는 $\delta t = 1/250/9$이다. δt가 작아짐에 따라서 이산 오차가 감소하는 것을 알 수 있다.

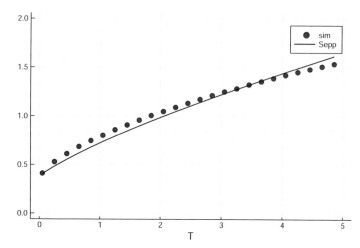

그림 8.3 그림 8.1과 같은 경우에서 $\sigma_h = 0.25$며 옵션의 만기 T를 0.05부터 5까지 변경할 때 손익의 편차다. 원은 시뮬레이션의 결과고 실선은 Sepp의 결과다.

을 볼 수 있다. Sepp의 근사식은 $\sigma_h = \sigma_a = 0.2$를 기준으로 멀어질수록 오차가 발생하지만 오차의 크기는 0.1보다 작은 값이어서 근사값으로 적당한 것으로 판단된다.

그림 8.2는 그림 8.1과 같은 경우에서 손익의 편차[1]를 나타냈다. 손익의 편차는 $\sigma_h = \sigma_a$일 때 최소가 되는 것을 볼 수 있다. 만약에 이산헤지가 아니라 연속 헤지($\delta t \to 0$)인 경우이면 $\sigma_h = \sigma_a$일 때의 손익의 편차는 0이 된다. 이는 $dt = 1/250$ (경우 I)와 $dt = 1/250/9$ (경우 II)의 경우를 비교하면 경우 II가 경우 I에 비해 손익의 편차가 작아지는 것과 같은 의미다.

σ_h가 σ_a에서 멀어질수록 손익의 편차가 증가하는 것을 볼 수 있다. 또한 이산 오차는(경우 I과 경우 II의 차이) 전체 편차의 값에 비해 상대적으로 줄어들고 있다. 그러므로 이런 경우의 손익의 편차는 이산 헤지가

---

1. 여기서부터는 표준편차를 줄여서 편의상 편차라고 한다.

아닌 연속 헤지에서도 존재하며 헤지 변동성의 오류에서 기인한다.

이러한 사실은 Sepp의 근사식 (8.7)의 우변에서 첫 번째 항은 이산 헤지의 오류이고 두 번째 항은 변동성에 의해 발생한 오류임을 볼 수 있다. 그림 8.2에서 Sepp의 근사식이 정확한 값을 주지는 못하지만 정성적인 해석을 하는 것에는 많은 도움을 준다.

결론적으로 헤지 변동성이 실현 변동성과 일치하지 않는 경우에 손익의 평균값은 0이지만, 손익의 편차는 존재하게 된다. 이는 최종 만기의 헤지 손익이 주가의 경로에 의존한다는 것을 의미하며, 그 영향은 헤지 변동성이 실현 변동성으로부터 멀어짐에 따라 의존성의 영향은 더욱더 심해진다.

마지막으로 그림 8.3은 옵션의 만기를 변경하면서 손익의 편차를 나타낸 것이다. 옵션의 만기가 길어짐에 따라서 편차가 증가하는 것을 볼 수 있다. 이 경우에는 Sepp의 근사식이 수치 결과와 유사함을 알 수 있다.

9장

이산 헤지

옵션을 발행하고 위험을 회피하려고 블랙-숄즈 공식을 기반으로 하는 델타 헤지 운용을 하는 것이 일반적이다. 외생 변수로 주어진 기초자산의 변동성 값을 미리 알고 있다고 가정하면, 연속적인 델타 리밸런싱^{rebalancing}을 통해 부채인 발행한 옵션의 가격을 주식과 현금으로 구성된 자산으로 복제할 수 있는 것이 수학적으로 증명돼 있다.

그러나 현실은 블랙-숄즈가 가정하고 있는 이상적인 시장과 차이가 있으며, 극복할 수 없는 것 중의 하나가 연속적으로 델타를 리밸런싱하는 것이다. 연속 헤지$^{continuous\ hedging}$는 델타를 리밸런싱하는 간격인 $\delta t \to 0$인 수학적인 상황이다. 현실에서는 δt가 작지만 유한한 값을 가지며 실무에서는 일반적으로 시장이 종료되는 종가에 한 번 정도 델타를 리밸런싱하는 것이 일반적이므로 $\delta t = 1\ \mathrm{Day} = 1/250\ \mathrm{Year}$이다. 유한 값의 δt 간격으로 델타를 리밸런싱하는 것을 이산 헤지$^{discrete\ hedging}$라 한다.

여기에서는 이산 헤지로 인해 발생하는 헤지 오차에 대해 수학적인 해석과 시뮬레이션을 보여 주고자 한다. 특히 기초자산이 2개인 경우에 발생하는 추가적인 헤지 오차에 대해 고찰했다. 주가가 기하 브라운 운동^{GBM}

인 경우와 실제 시장의 실주가의 경우에 대해 이산 헤지 시뮬레이션을 비교했다. 이를 통해서 주가 모형으로 일반적으로 사용하는 GBM의 한계를 살펴볼 수 있다. 마지막으로 현재 한국에서 유행하고 있는 스텝다운^{stepdown} ELS에 대한 시뮬레이션을 수행해 결과를 제시했다.

9.1 일반론

매도한 옵션의 가격을 f라 하고 이를 헤지하려고 자산으로 갖고 있는 주식의 수량을 Δ_a라고 하겠다. 금리의 영향을 무시하면 트레이더의 포트폴리오는 $\Pi = -f + \Delta_a S$로 표현할 수 있다.[1] $\delta t (= 1\text{Day})$ 동안의 포트폴리오의 가치 변화를 계산하면 아래와 같다.

$$\begin{aligned}
\delta\Pi &= -\delta f + \Delta_a \delta S \\
&= -\left(\Theta\delta t + \frac{1}{2}\Gamma(\delta S)^2\right) + (\Delta_a - \Delta)\delta S
\end{aligned} \tag{9.1}$$

트레이더가 자산으로 보유하는 주식의 수량인 Δ_a는 전체 포트폴리오가 주가의 움직임에 무관하게 헤지되려면

$$\Delta_a = \Delta = \frac{\partial f}{\partial S} \tag{9.2}$$

임을 알 수 있다.

금리가 0인 경우 블랙-숄즈 방정식을 그림으로 표현하면 다음이 된다.

$$\Theta + \frac{\sigma_h^2}{2}S^2\Gamma = 0 \tag{9.3}$$

하첨자 h가 있는 σ_h는 헤지 시에 트레이더가 사용하는 변동성을 의미한다.

---

1. 트레이더는 현금 계좌를 관리하고 있지만, 금리를 0으로 가정하기 때문에 계산의 편의상 고려하지 않겠다.

식(9.3)을 이용해 식(9.1)에서 Θ를 소거할 수 있다.

$$\delta\Pi = \frac{S^2}{2}\Gamma\left(\sigma_h^2\delta t - \left(\frac{\delta S}{S}\right)^2\right) \tag{9.4}$$

옵션 발행 시점($t = 0$)부터 만기($t = T$)까지 델타 헤지를 δt 간격으로 $N(= T/\delta t)$번 수행하는 경우 헤지의 오차는 다음이 된다.

$$\text{H.E.} = \sum_{i=0}^{N}\delta\Pi \tag{9.5}$$

식 (9.4)에서 보다시피 연속적으로 헤지를 하는 경우($\delta t \to 0$)에는 헤지 오차가 0이 된다. 그러나 실무에서 연속 헤지는 불가능하므로 실현 변동성과 헤지 변동성이 차이와 현금 감마$^{\text{cash gamma}}$의 곱으로 오차가 발생한다. 현금 감마의 값이 주가에 의존하기 때문에 헤지 오차는 실현되는 주가의 경로에 의존하게 된다. 즉 연속 헤지의 경우에는 주가의 경로에 무관하게 헤지 오차가 발생하지 않는 것과 달리 이산 헤지의 경우에는 그 오차가 주가의 경로에 의존하게 된다.

9.2 바닐라 콜옵션

Derman(1999)과 Sepp(2013)이 바닐라 옵션에 대해 추가적인 해석을 수행했다. Derman은 주가 모형이 GBM인 경우에 한정했고, Sepp은 이를 점프 모형과 거래 비용이 있는 상황까지 고려했다. 여기에서는 Derman의 경우와 같이 주가는 GBM을 따르고, 발행한 옵션은 ATM의 콜옵션으로 한정하겠다.

GBM을 따르는 주가 S의 거동을 다음으로 표현할 수 있다.

$$dS/S = \mu dt + \sigma_a dZ \tag{9.6}$$

여기에서 μ는 추세율$^{\text{drift rate}}$, σ_a는 실현 변동성$^{\text{realized volatility}}$, Z는 브라운

운동$^{\text{Brownian motion}}$이다. Y를 표준 정규 분포를 따르는 확률 변수라고 하면 GBM 경우 $(\delta S/S)^2 \approx \sigma_a^2 Y^2 \delta t$이므로 식 (9.4)가 다음과 같이 나타난다.

$$\delta\Pi = -\frac{S^2}{2}\Gamma\left(\sigma_h^2 - \sigma_a^2 Y^2\right)\delta t \tag{9.7}$$

$\delta\Pi$는 χ^2 분포를 만족하고 평균은 다음과 같다.

$$\mathbb{E}(\delta\Pi) = -\frac{S^2}{2}\Gamma\left(\sigma_h^2 - \sigma_a^2\right)\delta t \tag{9.8}$$

그러므로 헤지에 사용하는 헤지 변동성 σ_h과 실현되는 실제 주가의 실현 변동성 σ_a의 차이가 헤지 오차에 가장 큰 영향을 준다. 여기에서는 변동성 차이를 제외한 다른 요소들을 파악하고자 헤지 변동성과 실현 변동성이 σ로 일치한다고 가정한다. 이런 경우에는 헤지 오차의 평균은 0이 된다.

다음은 헤지 오차의 분산을 구하고자 한다. 여기에 사용한 근사법은 Sepp(2013)에 구체적으로 기술돼 있으며 Derman의 근사법과 Sepp의 근사법에 차이가 있다는 것도 설명하고 있다.

$$\begin{aligned}\text{Var(H.E.)} &\approx \sum_{i=0}^{N}\text{Var}(\delta\Pi) \\ &= \sum_{i=0}^{N}\left(\frac{\sigma^2\delta t}{2}\right)^2\text{Var}(S^2\Gamma)\end{aligned} \tag{9.9}$$

Derman의 계산에 따르면 다음을 알 수 있다(부록 G 참조).

$$\begin{aligned}\text{Var}(S^2\Gamma) &= \mathbb{E}\left(S^2\Gamma\right)^2 \\ &\approx S_0^4\Gamma_0^4\sqrt{\frac{T^2}{T^2 - t^2}}\end{aligned} \tag{9.10}$$

여기에서 하첨자 0은 옵션 발행 시점, T는 옵션의 만기, t는 현재 시점을 의미한다. 즉 $t = i\,\delta t$, $i = 0, 1, \cdots, N$이며, $N = T/\delta t$이다.

식(9.10)을 이용해 식(9.9)를 계속 계산하면 다음을 얻는다.

$$\text{Var(H.E.)} = \frac{\pi}{2} N (S_0^2 \Gamma_0 \sigma^2 \, \delta t)^2 \tag{9.11}$$

옵션 가격 f가 블랙-숄즈 방정식을 만족하면 Γ와 $\mathcal{V}$가 다음의 관계를 만족한다.

$$\sigma \tau S^2 \Gamma = \mathcal{V} \tag{9.12}$$

여기에서 $\tau = T - t$는 옵션의 잔존 만기를 의미한다. 최종적으로 이산 헤지의 손익의 분산을 베가로 표현할 수 있다.

$$\text{Var(H.E.)} = \frac{\pi}{4} \mathcal{V}^2 \frac{\sigma^2}{N} \tag{9.13}$$

Derman은 식(9.13)을 변동성 측정을 위한 샘플링의 오차로 해석했다. Sepp은 다른 방식의 근사법을 사용해 오차의 계수는 차이가 있지만 오차의 분산이 $O(1/N)$임은 일치한다.

행사가 $K = 100$, 금리 $r = 1.5\%$, 변동성 $\sigma = 20\%$, 만기 $T = 1$인 콜옵션에 대해 초기 주가 $S_0 = 100$이며 $\mu = 0$인 GBM으로 생성된 주가 경로에 대해 $\delta t = 1/250$의 간격으로 델타 헤지를 하는 경우를 10,000개의 주가 경로에 대해 시뮬레이션했다. 발행 시의 옵션 가격 f_0는 8.673이다. 그림 9.1의 왼쪽에 헤지 오차의 분포를 나타냈고 표 9.1에 헤지 오차의 값을 표기했다. 헤지 오차는 옵션 만기일의 부채(옵션) 대비 자산(주식과 현금)의 가격 차이다.[2] 앞에서 서술한 해석과 같이 오차의 평균은 0의 값을 갖고, 오차의 편차는 Derman의 해석과 비슷함을 보여 준다.

이산 헤지의 분석에서 헤지 자산에 있는 주식의 수량이 델타가 평가

---

2. 자산 가격에서 부채 가격을 제외한 것을 의미하며, +값은 트레이더가 이익, -값은 손실을 의미한다.

Hedging period	Mean of H.E.	Stdev of H.E.
1D(= 1/250)	-7.3×10^{-5}	0.442 (0.440)
1/9D(= 1/250/9)	-2.6×10^{-3}	0.150 (0.147)

표 9.1 주가가 GBM인 경우에 이산 헤지의 오차의 평균과 표준편차를 나열했다. 표준편차의 괄호 안의 값은 Derman의 이론가를 나타낸다. 오차의 평균은 거의 0이며, 표준편차는 헤지 주기가 1/9로 감소함에 따라서 1/2.95(≈1/3)로 감소함을 보여 준다 (주가의 경로 수는 10,000개).

상의 델타와 일치한다고 가정했다. 실무에서는 이러한 가정이 성립하지 않는 경우도 빈번하게 발생한다. 예를 들어 헤지를 위해 델타를 계산할 때 현재 주가를 하루 전의 값을 사용하는 경우를 보겠다. 시각을 정확하게 표기하려고 인자를 괄호 안에 명시적으로 표현했다(t_1 시점 기준).

$$\Delta_a(t_1) = \Delta(S(t_0)) \tag{9.14}$$

델타의 괴리로 인한 헤지 오차는 다음과 같다.

$$\begin{aligned}
(\Delta_a - \Delta)\delta S &= \{\Delta(S(t_0)) - \Delta\}\,\delta S \\
&= \Gamma(S(t_0) - S(t_1))(S(t_2) - S(t_1))
\end{aligned} \tag{9.15}$$

이 값은 헤지 오차의 평균에 기여한다.

변동성 $\sigma = 20\%$, μ를 변화해 GBM으로 생성한 주가 경로 10,000개를 이용해 시뮬레이션을 할 결과를 표 9.2에 나타냈다. 헤지 오차의 평균이 μ의 부호에는 무관하고 절대값에 의존하는 것을 알 수 있다. 특히 μ가 0인 경우에 헤지 오차의 편차가 증가하는 것에 주의하자.

GBM으로 생성한 가상 주가가 아닌, 한국 거래소에서 발표되는 지수인 KOSPI200을 기초자산으로 하는 옵션의 헤지 운용에 대해 시뮬레이션을 하고자 한다. 실주가가 GBM의 가상 주가와 차이가 있다는 사실은

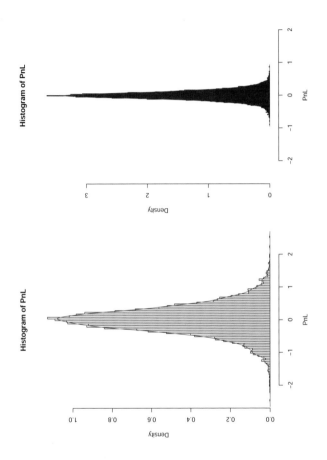

그림 9.1 주가가 GBM일 때 헤지 주기에 따른 헤지 오차의 히스토그램을 나타냈다. (왼쪽: $\delta t = 1/250$, 오른쪽: $\delta t = 1/250/9$)

추세율(μ)	Mean of H.E.	Stdev of H.E.
-50%	$-0.129(-1.49\%)$	0.427
0%	$-0.0101(-0.11\%)$	0.759
50%	$-0.138(-1.5\%)$	0.456

표 9.2 헤지에 사용하는 델타가 하루 빠른 값일 때. 괄호 안은 옵션 초기값(8.673)에 대한 상대값.

잘 알려져 있다.

그림 9.2의 왼쪽에는 1991년부터 KOSPI200의 일일 수익률의 분포를 나타낸 것이다. 평균은 10^{-4}이고 표준편차는 0.01707이다. 이를 변동성으로 환산하면 실현 변동성이 27%다. 이 변동성에서 1년 만기, 행사가 100의 콜옵션의 가격은 11.42다. 그림 9.2의 왼편에 측정된 평균과 표준편차를 이용해 정규 분포의 확률 밀도 함수를 붉은색으로 나타냈고, 오른쪽에는 일일 수익률과 정규 분포의 qq-plot을 나타낸 것이다. 두 그래프에서 실제 주가가 정규 분포와 차이가 있음을 알 수 있다. 그러나 GBM의 가상 주가의 경우에는 일일 수익률은 정규 분포를 따른다. 일반적으로 옵션 평가 시에는 점프 확률 변동성 모형^{SVJ}의 가상 주가가 실제 주가와 가장 유사한 것으로 알려져 있다(Gatheral, 2006, pp. 50).

그림 9.3의 왼쪽은 26년 간의 KOSPI200의 일일 수익률의 자기 상관 계수autocorrelation을 나타낸 것이다. 시간 간격이 1일인 경우에는 유의미한 정도의 자기 상관 계수를 갖는 것으로 보인다. 오른쪽은 1일 차이가 나는 수익률의 자기 상관 계수의 시계열을 표시한 것이다. 붉은 실선의 KOSPI200의 1년 동안의 자기 상관 계수 시계열과 푸른 원의 GBM 가상 주가의 250일 동안의 자기 상관 계수 시계열이 다른 특성을 보이고 있다. GBM의 자기 상관 계수는 무작위적인 경향을 보이지만 KOSPI200의 자기 상관 계수는 시간에 따라서 유의미한 값을 어느 정도 지속적으로

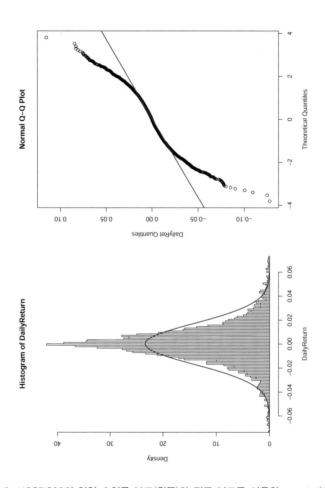

그림 9.2 KOSPI200의 일일 수익률 분포(왼쪽)와 정규 분포를 이용한 qq-plot(오른쪽)

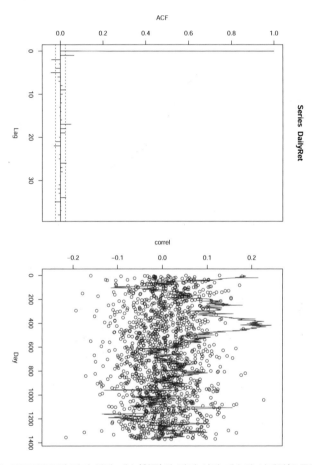

그림 9.3 KOSPI200의 자기 상관 계수(왼쪽)와 자기 상관 계수의 시계열(오른쪽: 붉은 실선은 KOSPI200, 푸른 원은 GBM)

헤지 방법	Mean of H.E.	Stdev of H.E.
경우 I	0.238	0.887
경우 II	-0.192	1.163

표 9.3 KOSPI200를 기초자산으로 하는 옵션의 델타 헤지 오차. 1991년부터 1주일 간격으로 1372개의 옵션을 매도한 것으로 가정했고 옵션의 평균 발행가는 10.65이다.

갖고 있음을 볼 수 있다.

1991년부터 1주일 간격으로 행사가 100, 만기 1Year인 콜옵션을 발행하고 1일 간격으로($\delta t = 1/250$) 델타 헤지를 하는 1372개의 경우에 대해 시뮬레이션을 했다. 앞부분의 해석 결과로서 델타 헤지 오차의 가장 큰 부분은 헤지 변동성과 실현 변동성의 차이에서 기인한다. 근사적으로 2개의 변동성 차이에 베가를 곱한 정도의 오차가 발생하고 실무에서는 이를 베가 손익으로 인식하는 것이 일반적이다. 여기에서는 이산 헤지의 오차를 분석하는 것이 주 목적이기 때문에 옵션 발행 시부터 만기까지 실현 변동성을 미리 계산하고, 이를 헤지 변동성으로 사용해 베가 손익의 헤지 오차에 대한 기여를 상쇄했다. 옵션 발행가의 평균값은 10.64이다. 이는 16년 동안의 주식 실현 변동성 27%에 해당하는 이론가 11.42와 비슷한 값이다.

그림 9.4의 왼쪽에 헤지 운용 오차의 분포를 나타냈고 표 9.3에 평균과 편차를 제시했다. GBM의 경우에 대해 헤지 오차의 평균과 편차가 큰 값을 갖고, 그림에서 알 수 있듯이 오차가 분포 또한 서로 다른 것을 알 수 있다. 이는 헤지 오차의 정확한 값은 실현 변동성뿐만 아니라 감마의 값에도 의존하기 때문이다. 바닐라 옵션의 경우에는 $\Gamma > 0$이기 때문에 실현 변동성이 헤지 변동성보다 작으면 이익이 발생하는데, 이익의 크기는 그 시점의 감마의 값에 영향을 받는다. 실현 변동성이 큰 값을 가져 손실이 발생할 때에도 마찬가지여서 트레이더의 최종 손익은 경로에 의존하게

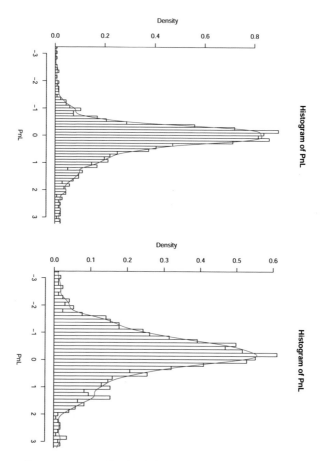

그림 9.4 KOSPI200을 기초자산으로 하는 옵션의 델타 헤지 오차

된다.

그림과 표에서 경우 II는 GBM에서 분석한 바 있는 헤지 델타를 계산할 때 하루 전의 주가를 사용한 경우다. 델타의 불일치로 인해 추가적인 손실이 0.43발생했고 이는 평균 옵션 발행가의 4%에 해당한다.

9.3 최저 성과 콜옵션

이번에는 기초자산이 2개인 경우를 고려한다. 2개의 주가는 일반적으로 독립이지 않고 상관 관계를 가진다. 단일 GBM 주가 모형인 식 (9.6)을 상관 계수 ρ를 갖는 2개의 GBM 모형으로 확장할 수 있다.

$$dS_1/S_1 = \mu_1 \, dt + \sigma_1 \, dZ_1$$
$$dS_2/S_2 = \mu_2 \, dt + \sigma_2 \, dZ_2 \tag{9.16}$$
$$\langle dZ_1, dZ_2 \rangle = \rho \, dt$$

이런 상관성이 이산 델타 헤지에 미치는 영향을 조사하려고 다음과 같은 만기 시점에 2개의 주가의 최저 성과[worst performance]에 의존하는 콜옵션을 고려한다. 여기서부터는 하첨자가 주식 1, 2에 대응하는 변수의 값이다.

$$\text{payoff} = \max \left[\min \left(\widetilde{S_1}, \widetilde{S_2} \right) - K \right\} \tag{9.17}$$

여기에서 틸드(tilde)는 옵션 발행일 대비 주가의 성과[performance]를 의미한다($\widetilde{S} = S/S(0)$). 앞으로는 표기의 편의를 위해 틸드 기호를 생략하겠다.

식 (9.17)의 만기 수익 구조를 갖는 옵션을 일반적으로 최저 성과 콜옵션[worst-of call]이라고 하고, Stulz(1982)가 처음 이론가를 계산했다. Back(2000)에서 계산화폐 변환을 이용해 같은 결과를 유도했고 부록 C에 소개했다. 여기서는 Haug(2007, pp. 211)의 표기를 이용해 결과를 제시한다.

$$f = S_1 M(y_1, -d; \rho_1) + S_2 M(y_2, d - \sigma\sqrt{T}; -\rho_2)$$
$$- Ke^{-rT} M(y_1 - \sigma_1\sqrt{T}, y_2 - \sigma_2\sqrt{T}; \rho)$$

$$d = \frac{\log(S_1/S_2) + \sigma^2 T/2}{\sigma\sqrt{T}}$$
$$y_1 = \frac{\log(S_1/K) + (r + \sigma_1^2/2)T}{\sigma_1\sqrt{T}} \tag{9.18}$$
$$y_2 = \frac{\log(S_2/K) + (r + \sigma_2^2/2)T}{\sigma_2\sqrt{T}}$$
$$\sigma^2 = \sigma_1^2 + \sigma_2^2 - 2\rho\sigma_1\sigma_2$$
$$\rho_1 = \frac{\sigma_1 - \rho\sigma_2}{\sigma} \qquad \rho_2 = \frac{\sigma_2 - \rho\sigma_1}{\sigma}$$

여기에서 $M(a, b; \rho)$는 이변량 정규bivariate normal 누적 확률 분포 함수cumulative distribution function다.

$$M(a, b; \rho) = \frac{1}{2\pi\sqrt{1-\rho^2}} \int_{-\infty}^{a} \int_{-\infty}^{b} \exp\left[-\frac{x^2 - 2\rho xy + y^2}{2(1-\rho^2)} \right] dx\, dy$$
$$\tag{9.19}$$

참고로 최저 성과 콜옵션은 발행자 기준으로 상관 계수 매도short correlation 포지션인 상품이다.

2개의 주식을 같은 시각에 거래할 수 있는 경우에 델타 헤지를 하고 있는 트레이더의 포트폴리오는 금리의 영향을 무시하면 $\Pi = -f + \Delta_1 S_1 +$

$\Delta_2 S_2$으로 표현되며 이의 변화량은 아래와 같이 계산된다.

$$
\begin{aligned}
\delta \Pi &= -\delta f + \Delta_1 S_1 + \Delta_2 S_2 \\
&= -\Theta \delta t - \frac{1}{2}\Gamma_{11}(\delta S_1)^2 - \Gamma_{12}(\delta S_1)(\delta S_2) - \frac{1}{2}\Gamma_{22}(\delta S_2)^2 \\
&= -\frac{S_1^2}{2}\Gamma_{11}\left(\left(\frac{\delta S_1}{S_1}\right)^2 - \sigma_1^2 \delta t\right) \\
&\quad - S_1 S_2 \Gamma_{12}\left(\frac{\delta S_1}{S_1}\frac{\delta S_2}{S_2} - \rho \sigma_1 \sigma_2 \delta t\right) \\
&\quad - \frac{S_2^2}{2}\Gamma_{22}\left(\left(\frac{\delta S_2}{S_2}\right)^2 - \sigma_2^2 \delta t\right)
\end{aligned}
\tag{9.20}
$$

S_1, S_2가 식 (9.16)의 GBM을 따른다고 가정한다. Y_1, Y_2를 상관 계수 ρ를 갖는 표준 정규 분포의 확률 변수라 두면 다음을 얻는다.

$$
\begin{aligned}
\delta S_1 / S_1 &\approx \sigma_1 Y_1 \sqrt{\delta t} \\
\delta S_2 / S_2 &\approx \sigma_2 Y_2 \sqrt{\delta t}
\end{aligned}
\tag{9.21}
$$

이를 식 (9.20)에 대입하면 최종 결과 식을 도출할 수 있다.

$$
\begin{aligned}
\delta \Pi &= -\frac{\sigma_1^2}{2}S_1^2 \Gamma_{11}\left(Y_1^2 - 1\right)\delta t - \frac{\sigma_2^2}{2}S_2^2 \Gamma_{22}\left(Y_2^2 - 1\right)\delta t \\
&\quad - \sigma_1 \sigma_2 S_1 S_2 \Gamma_{12}\left(Y_1 Y_2 - \rho\right)\delta t
\end{aligned}
\tag{9.22}
$$

식 (9.22)에서 처음 2개의 항은 각각의 주식을 델타 헤지할 때 발생하는 오차다. 세 번째 항이 상관성에 의존하는 오차 항임을 알 수 있다. Y_1과 Y_2가 상관 계수 ρ인 표준 정규 분포를 따르므로 다음을 알 수 있다.

$$
\mathbb{E}(Y_1^2) = \mathbb{E}(Y_2^2) = 1, \qquad \mathbb{E}(Y_1 Y_2) = \rho
\tag{9.23}
$$

이로부터 주가가 GBM을 따르는 경우에는 $\mathbb{E}(\delta \Pi) = 0$임을 알 수 있다.

표 9.4과 그림 9.5의 경우 I에서 $S_1(0) = S_2(0) = 100$, $\mu_1 = \mu_2 = 0$, $\sigma_1 = \sigma_2 = 20\%$, $\rho = 50\%$인 GBM을 이용해 생성한 가상 주가를 이용

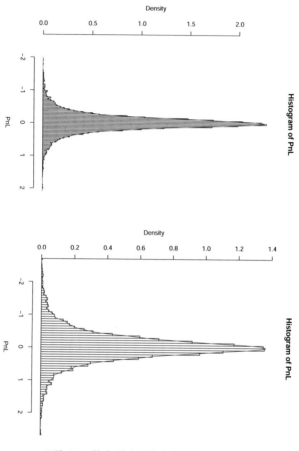

그림 9.5 최저 성과 콜옵션의 델타 헤지 오차

헤지 방법	Mean of H.E.	Stdev of H.E.
경우 I	-1.65×10^{-3}	0.293
경우 II	-6.38×10^{-3}	0.507

표 9.4 최저 성과 콜옵션의 델타 헤지 오차

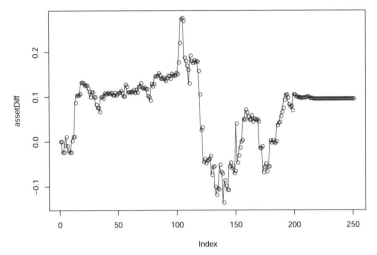

그림 9.6 경우 I과 경우 II의 헤지 방법의 차이에 따른 자산 차이. 푸른색의 마크는 시뮬레이션 값. 붉은색의 실선은 해석항 이용. 2개가 일치하는 것을 알 수 있다.

해 $r = 1.5\%$, $K = 100$ $T = 1$인 최저 성과 콜옵션을 매도한 후 만기 시점까지 매일($\delta t = 1/250$) 델타 헤지를 한 성과를 나타냈다(옵션의 매도 가격은 3.362이고, 10,000번 시뮬레이션을 수행했다). 앞에서 제시한 결과와 같이 헤지 성과의 평균은 0임을 알 수 있다.

경우 II는 기초자산을 이루고 있는 2개의 주식을 동시간대에 거래할 수 없는 상황을 가정하고 있다(한국에서 현재 유행하고 있는 ELS의 기초자산인 HSCEI와 SX5E를 고려하고 있다). 경우 II는 같은 변수의 GBM을 이용하지만 $\delta t = 1/250/2$의 간격으로 가상 주가를 생성한 후 $(S(t_i), i = 0, \cdots, N)$ S_1은 홀수 번째 인덱스에서만, S_2는 짝수 번째 인덱스에서만 주가가 공개되고 거래 가능하다고 가정했다. 같은 시각에 델타를 밸런싱하지 못하기 때문에 이론가에서 유도되는 델타와 차이가 발생하게 된다. 이에 대해서는 부록 H에서 자세하게 분석을 했고 결과만 언급하면 다음의

헤지 방법	Mean of H.E.	Stdev of H.E.
경우 I	0.166	0.933
경우 II	−0.781	1.443

표 9.5 HSCEI와 SX5E의 실주가를 사용한 worst-of call option의 델타 헤지 오차. 1999년부터 1주일 간격으로 800개의 옵션을 발행하는 것을 가정했고, 옵션의 평균 발행가는 3.835다. 경우 I에 대비해 경우 II의 추가 손실은 0.947이며 이는 옵션 가격의 25%다.

항이 추가된다.

$$-\Gamma_{12}(S_1(t_1) - S_1(t_{-1}))(S_2(t_2) - S_2(t_0)) \tag{9.24}$$

GBM으로 생성한 가상 주가를 이용해 경우 I과 경우 II의 방법으로 델타 헤지를 할 때 자산의 차이를 그림 9.6에서 푸른색의 원으로 표시했다. 식 (9.24)의 값을 붉은색의 실선으로 표시했다. 두 값이 일치하는 것을 그래프에서 확인할 수 있다.

표 9.4와 그림 9.5의 경우 II를 살펴보면 평균이 0임을 알 수 있다. 식 (9.24)에서 다음의 사항을 주의해야 한다.

$$\mathbb{E}(S_1(t_1) - S_1(t_{-1}))(S_2(t_2) - S_2(t_0)) \neq \rho \tag{9.25}$$

GBM에서 상관 계수 ρ는 같은 시각에서의 평균을 의미한다. 앞의 시뮬레이션의 결과에서 식 (9.24)의 평균값이 0이 되는 것을 알 수 있다. 이는 GBM에서 자기 상관 계수는 근사적으로 0이기 때문에 시각이 다른 주가의 상관 계수는 0임을 유추할 수 있다. 그러나 실주가에서는 자기 상관 계수의 값이 0이 아니기 때문에 식 (9.24)의 평균값은 GBM과 다른 양상을 보일 것이다.

표 9.5와 그림 9.7에 HSCEI와 SX5E의 실주가를 이용해 1999년부터

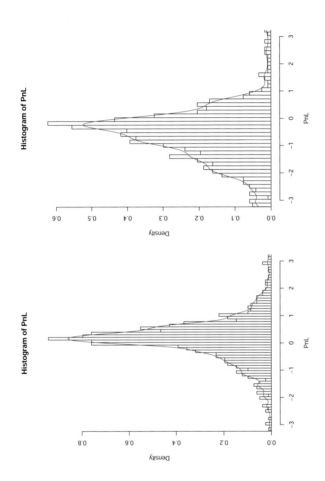

그림 9.7 HSCEI와 SX5E의 실주가를 사용한 최저 성과 콜옵션의 델타 헤지 오차. 왼쪽이 경우 I, 오른쪽이 경우 II의 경우

헤지 방법	Mean of H.E.	Stdev of H.E.
경우 I	−0.0227	0.0592
경우 II	−0.0248	0.0675

표 9.6 HSCEI와 SX5E의 실주가를 사용한 스텝다운 ELS의 델타 헤지 오차.

1주일 간격으로 800개의 옵션을 발행하고 델타 헤지를 한 성과를 나타냈
다. 옵션은 GBM의 경우와 동일하며 경우 I은 HSCEI와 SX5E가 같은
시각에 거래 가능하다고 가정했고, 경우 II는 동시간대에 거래하지 못하는
것을 가정했다. 표 9.5에서 나타나 있듯이 경우 I에 대비해 경우 II의 경
우에 0.947의 추가 손실이 발생한다. 옵션 발행가의 평균값이 3.835이며
추가 손실은 옵션 가격의 25%에 해당한다.

9.4 스텝다운 ELS

헤지에 사용한 스텝다운형 ELS는 기초자산이 HSCEI, SX5E이고 85/85
/85/80/80/80, KI 55, 쿠폰 연 4.8% 풀더미$^{\text{full dummy}}$로 6번의 상환 기회
를 갖는 구조다(5번은 조기 상환, 6번째는 만기 상환). 1999년 1월 1일부터
1주일 간격으로 총 885개의 가상 ELS를 발행하고 매일 종가에 델타 헤지
를 하는 것을 가정한다. 변동성과 상관 계수는 시장에서 관찰할 수 있는
것은 아니다. 실무에서는 발행 시점에 사용한 선도값과 실현값이 다름에
따른 손익이 베가^{vega}와 상관 계수 베가$^{\text{correl vega}}$를 통해 발생한다. 여기에
서는 이러한 영향을 제거하려고 실현값을 미리 알고 있다고 가정했다. 금
리는 1.5%를 사용했다. 스텝다운 ELS의 구조는 매우 복잡해 이론가를
해석적으로 계산하는 것은 불가능하기 때문에 수치해를 사용하는 것이 일
반적이다. 확률적인 방법인 몬테카를로 시뮬레이션$^{\text{MCS, Monte Carlo Simulation}}$
이나 블랙-숄즈 방정식을 직접 계산하는 유한 차분법^{FDM}를 흔히 사용한다.

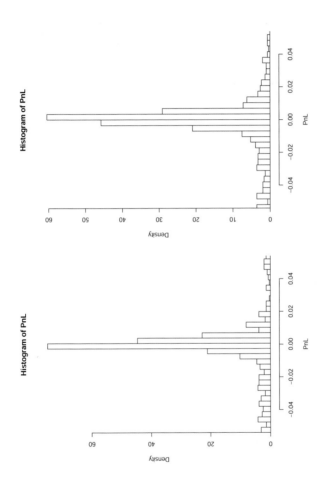

그림 9.8 HSCEI와 SX5E의 실주가를 사용한 스텝다운 ELS 델타 헤지 오차. 왼쪽이 경우 I, 오른쪽이 경우 II의 경우

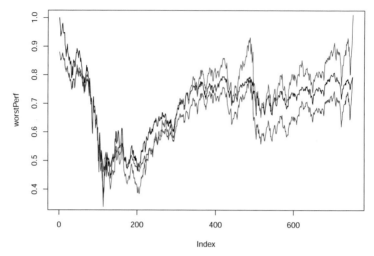

그림 9.9 주가, 자산, 부채의 시계열. 검은색: worst, 붉은색: 부채, 푸른색: 자산. 시간이 200이 지나면서 주가가 상승함에 따라서 스텝다운 ELS의 숏감마 영역에 진입한다. 이로 인해 부채의 증가를 델타 헤지 자산이 따라가지 못하는 현상이 발생했다.

MCS의 그릭값은 불안정하고 스텝다운 ELS의 가격이 주가 경로에 심하게 의존하지 않기 때문에 헤지를 하고 있는 현업에서는 FDM 또한 많이 사용한다.

표 9.6과 그림 9.8에 시뮬레이션의 결과를 제시했다. 앞의 최저 성과 콜옵션의 경우와 같이 경우 I은 HSCEI와 SX5E를 동시각에 거래할 수 있다고 가정한 경우이고, 경우 II는 현실을 반영해 두 주식을 같은 시각에 거래할 수 없고 12시간의 시간차가 있다고 가정한 경우이다. 그래프에서 나타나듯이 헤지 성과의 오차가 앞의 경우에 비해 두꺼운 꼬리[fat tail]을 갖고 있다. 오차가 표준편차의 3배의 범위 밖에 많이 존재하는 것을 볼 수 있다. 이는 ELS의 구조가 많은 디지털 옵션으로 구성돼서 핀 리스크 [pin risk]가 심한 것이 하나의 원인이다. 실무에서는 핀 리스크를 줄이고자 오버 헤지[over-hedge]를 사용하지만 이것이 충분하지 못한 것을 알 수 있다.

그림 9.9에 하나의 예를 보여 준다. 검은색은 2개 주가의 최저 성과다. 최저 성과가 KI 배리어를 히팅하고 시간이 지남에 따라 주가를 회복해 3년 후 만기 시점에 행사가 0.8 이상으로 ITM으로 끝난 경우다. 붉은색 실선은 매도 ELS인 부채의 가격을 표시했고 푸른색 실선은 델타 헤지를 하고 있는 트레이더의 자산을 표시했다. 주가가 KI 배리어를 히팅한 후에 상승하는 구간에서는 트레이더는 숏감마$^{short\ gamma}$ 포지션에 노출된 상태다. 이때 급등을 하면서 실현 변동성이 상승하면 헤지 손실이 발생해 자산이 부채를 따라가지 못하게 된다. 여기서 발생한 손실은 추후에 회복하지 못하는 것을 볼 수 있다.

최저 성과 콜옵션과 스텝다운 ELS는 모두 발행자 기준으로 상관 계수 매도 포지션이다. 그러므로 경우 II의 경우에 최저 성과 콜옵션의 경우와 같이 동시간대에 거래하지 못함에 따라 발생하는 델타의 불일치로 추가적인 손실이 발생하게 된다.

10장

최저 성과의 선도 가격

10.1 선도 가격

미래의 특정 시점 T에 미리 정해진 주식을 특정 가격 F에 사거나 파는 계약을 선도 계약$^{\text{forward contract}}$이라 한다. 여기에서 특정 가격 F를 선도 가격$^{\text{forward price}}$이라 한다. 선도 계약은 시장에서 거래가 활발하고 금융공학의 기본 구성 요소가 되기 때문에 다양한 방법으로 선도 가격의 공정가$^{\text{fair value}}$를 결정할 수 있다. 예를 들면 무차익 거래 원칙, 보유 비용 이론, 헤지 거래 비용, 위험 중립 평가 등이 있다. 여기에서는 확장 가능성이 좋은 위험 중립 평가를 이용해 논의를 진행한다.

위험 중립 평가에서 평가하고자 하는 자산의 현재 가격 $V(0)$은 미래 현금 흐름 $V(T)$를 위험 중립 확률을 이용해 평균을 구한 후에 무위험 이자율 r로 할인한 값이다.

$$V(0) = e^{-rT}\widetilde{\mathbb{E}}(V(T)) \tag{10.1}$$

선도 계약의 매수자의 입장에서 선도 계약의 만기 시점 T의 손익 구조는
시장 가격이 $S(T)$인 주식 1주를 받고 현금 F를 지급하기 때문에 $S(T) -$
F이다. 그리고 계약 시점 $t = 0$에서 현금 흐름이 없기때문에 선도 계약은
$t = 0$에서의 가격은 영$^{\text{zero value}}$이다.

$$0 = e^{-rT}\widetilde{\mathbb{E}}(S(T) - F) \tag{10.2}$$

결국 선도 가격은 위험 중립확률에서 미래 주가 $S(T)$의 기댓값이 된다.[1]

$$F(0, T) = \widetilde{\mathbb{E}}(S(T)) \tag{10.3}$$

주가가 기하 브라운 운동의 거동을 가진다고 가정하면 다음의 주가 모형을
위험 중립 세계에서 가진다.

$$dS/S = (r - q)\, dt + \sigma\, dW \tag{10.4}$$

여기에서 q는 연속 배당률이고, W는 위너 과정이다. 위의 기하 브라운
운동의 해는 알려져 있으며, 이를 이용해 직접 계산 방식으로 평균을 구해
선도 가격을 결정한다.

$$F(0, T) = S(0)\, e^{(r-q)T} \tag{10.5}$$

선도 가격이 T에 의존한다. 현재 시점 $t = 0$에서 선도 계약의 만기 T에
따라서 선도 가격이 기간 구조$^{\text{term structure}}$를 갖게 된다.

---

1. 이는 금리가 결정적^{deterministic}이라고 가정한 상황이다. 금리가 확률적으로 변화하는
일반 상황에서는 무이표채의 가격을 계산화폐로 사용하는 T-선도 측도$^{\text{forward measure}}$
의 기댓값으로 나타난다.

10.2 바닐라 옵션의 재해석

만기 수익 구조가 $(S(T) - K)^+$로 주어지는 바닐라 콜옵션을 고려한다. 계산의 편의를 위해 다음의 특성 함수를 정의한다.

$$\mathbb{1}_{\{S_T > K\}} = \begin{cases} 1 & \text{for } S_T > K \\ 0 & \text{otherwise} \end{cases} \tag{10.6}$$

이를 이용해 콜옵션의 만기 수익 구조를 다음과 같이 표현한다.

$$(S(T) - K)^+ = S(T)\,\mathbb{1}_{\{S_T > K\}} - K\,\mathbb{1}_{\{S_T > K\}} \tag{10.7}$$

위험 중립 평가인 식 (10.1)로부터 콜옵션의 가격 $\mathsf{C}(0)$는 아래와 같다.

$$\mathsf{C}(0) = e^{-rT}\widetilde{\mathbb{E}}\left[S(T)\,\mathbb{1}_{\{S_T > K\}}\right] - e^{-rT}K\,\widetilde{\mathbb{E}}\left[\mathbb{1}_{\{S_T > K\}}\right] \tag{10.8}$$

계산화폐의 변환에 대해 설명한 부록 B를 참조해 우변을 다음과 같이 바꾼다.

$$\begin{aligned} \mathsf{C}(0) &= S(0)e^{-qT}\,\mathbb{P}^S(S_T > K) - e^{-rT}K\,\widetilde{\mathbb{P}}(S_T > K) \\ &= e^{-rT}\left[F\,\mathbb{P}^S(S_T > K) - K\,\widetilde{\mathbb{P}}(S_T > K)\right] \end{aligned} \tag{10.9}$$

식 (10.9)에서 $\mathbb{P}^S(S_T > K)$는 $S(t)$가 계산화폐일 때 주가가 내가격^{ITM}으로 종료할 확률이며 $\widetilde{\mathbb{P}}(S_T > K))$는 위험 중립 확률에서 주가가 내가격으로 종료할 확률이다. 주가가 내가격으로 종료한다는 같은 사건일지라도 사용하는 측도에 따라서 확률값은 다르게 나타난다. 부록 B를 참조하면 각각의 확률을 계산할 수 있다.

$$\mathbb{P}^S(S_T > K) = N(d_1), \tag{10.10a}$$

$$\widetilde{\mathbb{P}}(S_T > K) = N(d_2) \tag{10.10b}$$

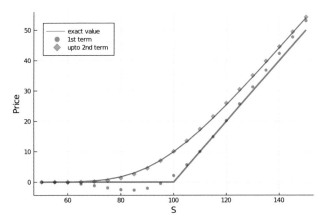

그림 10.1 $K = 100$, $r = 4\%$, $\sigma_{im} = 20\%$, $T = 1$, $q = 0$인 경우 주가 S를 변경하면서 콜옵션의 가격을 나타냈다. 붉은 실선은 만기 수익 구조이고, 푸른 실선은 식 (10.9)의 값이다. 식 (10.11)의 첫 번째 항을 원으로 나타냈고, 두 번째 항까지의 합을 다이아몬드로 나타냈다. 다이아몬드로 나타낸 식 (10.11)은 좋은 근사식이 되는 것을 볼 수 있다.

$$d_1 = \frac{\log(F/K) + \sigma^2 T/2}{\sigma\sqrt{T}}, \tag{10.10c}$$

$$d_2 = \frac{\log(F/K) - \sigma^2 T/2}{\sigma\sqrt{T}} \tag{10.10d}$$

$$N(x) = \frac{1}{\sqrt{2\pi}} \int_{-\infty}^{x} e^{-t^2/2} \, dt \tag{10.10e}$$

테일러 전개를 이용하면 콜옵션의 가격을 다음의 근사식으로 표현할 수 있다.

$$\begin{aligned} C(0) \approx &e^{-rT}(F - K)\,\widetilde{\mathbb{P}}(S_T > K) \\ &+ \frac{F}{\sqrt{2\pi}}\,\sigma\sqrt{T}\,e^{-d_2^2/2} \end{aligned} \tag{10.11}$$

그림 10.1에 주가 변화에 따른 콜옵션의 만기 수익 구조와 식 (10.9)을 이용해 계산한 정확한 값과 식 (10.11)의 근사식을 이용한 값을 비교했다. 식 (10.11)의 첫 번째 항만 사용하면 ATM 부근에서 오차가 많지만 두 번

째 항까지 계산하면 좋은 근사가 되는 것을 알 수 있다.

식 (10.11)의 첫 번째 항만 사용하는 근사가 정량적으로 정확한 근사가 아닐지라도, 정성적인 해석을 하는 것에는 편리한다. 이 항은 옵션의 만기 수익 구조에 나타난 $S(T)$에 선도 가격 F를 대입한 것과 유사하게 된다. 이는 두 번째 항을 무시한다면 옵션의 가격은 정성적으로 선도 가격에 의해 결정되는 것을 의미한다. 복잡한 수익 구조를 갖는 다른 종류의 옵션을 정성적으로 해석할 때 선도 가격의 거동으로 옵션 가격의 변화를 추측할 수 있음을 알 수 있다.

10.3 최저 성과의 선도 가격

특정 시점 t_0의 기준 주가 $S(t_0)$에 대한 현재 시점의 주가의 비율 $\widetilde{S}(t) = S(t)/S(t_0)$를 주식의 성과^{performance}라고 한다. 서로 다른 주식의 가격을 비교할 때에는 주식의 가격에 큰 차이가 있기 때문에 성과를 이용해 비교하는 것이 일반적이다. 주가 모형이 기하 브라운 운동을 따른다고 가정하면 성과 또한 같은 기하 브라운 운동을 따르는 것을 알 수 있다. 여기서부터는 주가와 성과를 혼용해 사용하며, 표기의 편의를 위해 특별한 혼돈이 없는 경우를 제외하고 성과를 나타내는 틸드^{tilde}를 생략한다.

다음의 거동을 만족하는 2개의 주가 $S_1(t)$와 $S_2(t)$를 고려한다.

$$dS_1/S_1 = (r - q_1)\, dt + \sigma_1\, dW_1$$
$$dS_2/S_2 = (r - q_2)\, dt + \sigma_2\, dW_2 \tag{10.12}$$

그리고 $\langle dW_1, dW_2 \rangle = \rho\, dt$이다. 한국에서 유행하는 여러 개의 기초자산을 갖는 ELS는 최저 성과에 대한 조건을 수익 구조로 가진다. 특정 시점의 최저 성과는 다음으로 정의한다.

$$\mathsf{worst} = \min(S_1(T), S_2(T)) \tag{10.13}$$

식 (10.3)을 이용해 최저 성과의 선도 가격을 다음으로 정의한다.

$$\text{FW}(0, T) = \mathbb{E}\left[\min(S_1(T), S_2(T))\right] \tag{10.14}$$

식 (10.6)의 특성 함수를 이용해 최저 성과를 표현할 수 있다.

$$\min(S_1(T), S_2(T)) = S_1(T)\mathbb{1}_{S_1(T) < S_2(T)}$$
$$+ S_2(T)\mathbb{1}_{S_2(T) < S_1(T)} \tag{10.15}$$

식 (10.15)를 식 (10.14)에 대입한 후에 식 (B.3)을 이용해 정리하면 다음을 구한다.

$$\begin{aligned}\text{FW}(0, T) = & S_1(0)\, e^{(r-q_1)T}\, \mathbb{P}^{S_1}\left[S_1(T) < S_2(T)\right] \\ & + S_2(0)\, e^{(r-q_2)T}\, \mathbb{P}^{S_2}\left[S_2(T) < S_1(T)\right]\end{aligned} \tag{10.16a}$$

$$\begin{aligned}= & F_1(0, T)\, \mathbb{P}^{S_1}\left[S_1(T) < S_2(T)\right] \\ & + F_2(0, T)\, \mathbb{P}^{S_2}\left[S_2(T) < S_1(T)\right]\end{aligned} \tag{10.16b}$$

여기에서 $F_1(0, T)$, $F_2(0, T)$는 S_1, S_2 각각의 선도 가격이다. 식 (10.16b)에서 최저 성과의 선도 가격은 각각 주가의 선도 가격의 확률 조합으로 나타나는 것을 알 수 있다. 그러나 각각의 확률은 계산화폐에 차이가 있음을 주의해야 한다.

부록 B의 계산 과정을 비슷하게 반복하면 식 (10.16b)의 확률을 계산할 수 있다.

$$\mathbb{P}^{S_1}\left[S_1(T) < S_2(T)\right] = N(D_{22}) \tag{10.17a}$$

$$\mathbb{P}^{S_2}\left[S_2(T) < S_1(T)\right] = N(D_{12}) \tag{10.17b}$$

$$D_{22} = \{\log[F_2(0, T)/F_1(0, T)] - \Sigma^2 T/2\}/(\Sigma\sqrt{T}) \tag{10.17c}$$

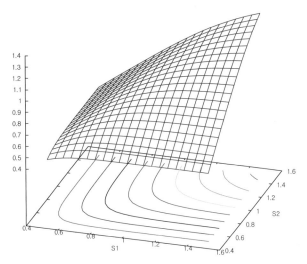

그림 10.2 $r - q_1 = r - q_2 = 0$, $\sigma_1 = \sigma_2 = 0.2$, $T = 1$, $\rho = 0$일 때 최저 성과의 선도 가격의 삼차원 그래프

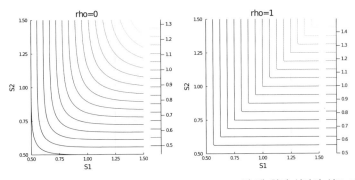

그림 10.3 $r - q_1 = r - q_2 = 0$, $\sigma_1 = \sigma_2 = 0.2$, $T = 1$일 때 최저 성과의 선도 가격 그래프. 좌측은 $\rho = 0$, 우측은 $\rho = 0.9999$.

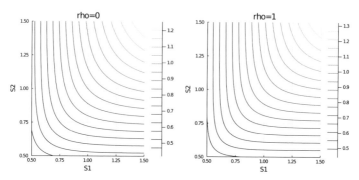

그림 10.4 $r - q_1 = r - q_2 = 0$, $\sigma_1 = 0.4, \sigma_2 = 0.1$, $T = 1$일 때 최저 성과의 선도 가격 그래프. 좌측은 $\rho = 0$, 우측은 $\rho = 0.9999$.

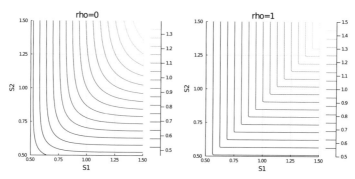

그림 10.5 $r - q_1 = 0.1, r - q_2 = 0$, $\sigma_1 = \sigma_2 = 0.2$, $T = 1$일 때 최저 성과의 선도 가격 그래프. 좌측은 $\rho = 0$, 우측은 $\rho = 0.9999$.

$$D_{12} = \{\log[F_1(0,T)/F_2(0,T)] - \Sigma^2 T/2\}/(\Sigma\sqrt{T}) \qquad (10.17\text{d})$$

$$\Sigma^2 = \sigma_1^2 - 2\rho\sigma_1\sigma_2 + \sigma_2^2 \qquad\qquad\qquad (10.17\text{e})$$

그림 10.2에 최저 성과의 선도 가격을 3차원 그래프로 나타냈다. 3차원 곡면의 모양에서 정보를 얻기 힘들기 때문에 등치선^{coutour}을 표현했다. 2차원에 정의된 함수의 시각화^{visualization}는 등치선을 이용하는 것이 일반적이다. 이후의 선도 가격의 그래프에서는 선도 가격 값의 등치선만을 나타낸다.

그림 10.3은 그림 10.2와 같은 시장 변수에 대해 $\rho = 0$, $\rho \approx 1$인 경우에 S_1, S_2를 변화하며 선도 가격을 나타냈다. S_1의 시장 변수와 S_2의 시장 변수가 일치하기 때문에 그래프가 $S_1 = S_2$에 대해 대칭인 것을 볼 수 있다. 그리고 다음의 점근적인 관계를 만족하는 것을 알 수 있다.

$$\text{FW}(0, T) \approx \begin{cases} F_1(0, T) & \text{for} \quad S_1 \ll S_2 \\ F_2(0, T) & \text{for} \quad S_2 \ll S_1 \end{cases} \tag{10.18}$$

$S_1 \approx S_2$의 영역에서 선도 가격의 등치선에 곡률이 생기는 것을 볼 수 있다. $\rho = 0$일 때는 다소 넓은 영역에서 곡률이 있지만 $\rho \approx 1$일 때는 $S_1 = S_2$ 주위의 좁은 영역에서 발생한다. $\rho \to 1$인 경우에는 다음과 같다.

$$\Sigma \approx |\sigma_1 - \sigma_2| \to 0, \quad \text{for } \sigma_1 = \sigma 2$$
$$D_{12} \approx \log[F_1(0, T)/F_2(0, T)]/(\Sigma\sqrt{T}) \tag{10.19}$$
$$D_{22} \approx \log[F_2(0, T)/F_1(0, T)]/(\Sigma\sqrt{T})$$

그러므로 $F_1(0, T) < F_2(0, T)$이면 $D_{12} \to \infty$이고 $D_{22} \to 0$이어서 $\text{FW}(0, T) \to F_1(0, T)$이고, 반대로 $F_2(0, T) < F_1(0, T)$이면 D_{12}, D_{22}가 반대의 극한을 가져서 $\text{FW}(0, T) \to F_2(0, T)$가 된다. 결과적으로 그림 10.3의 오른쪽과 같이 $S_1 = S_2$에서 등치선이 첨점을 갖게 된다.

그림 10.4는 변동성의 차이가 있는 경우다($\sigma_1 = 0.4, \sigma_2 = 0.1$). 주가의 선도 가격은 변동성에 의존하지 않기 때문에 F_1과 F_2는 일치하는 것을 볼 수 있고, 또 $S_1 = S_2$에 대해 대칭인 것을 알 수 있다. $S_1 \approx S_2$인 영역에서는 Σ의 값이 중요해져서 그림 10.3과 조금 다른 것을 볼 수 있다.

그림 10.5는 각각의 선도 가격이 다른 경우다($r - q_1 = 0.1, r - q_2 = 0$). 배당의 영향으로 같은 주가($S_1 = S_2$)일 때 $F_1(0, T)$의 값이 $F_2(0, T)$에 비해 작아지게 된다. 그림 10.3을 S_2 축방향으로 아래로 이동한 효과가

보인다. 근본적으로 $F_1(0,T) = F_2(0,T)$에 대해 등치선 그래프는 대칭
이 된다.

10.4 나가면서

식 (10.16b)에서 최저 성과의 선도 가격은 주가의 선도 가격과 각각의 주
가가 최저 성과가 될 확률의 조합으로 표현된다. 그리고 각각의 주가가
최저 성과가 될 확률을 구체적으로 계산했다. 이런 확률이 실세계[real world]
에서의 확률이 아니다. 즉 다음의 식에 주의해야 한다.

$$\mathbb{P}^{S_1}[S_1(T) < S_2(T)] + \mathbb{P}^{S_2}[S_2(T) < S_1(T)] \neq 1 \qquad (10.20)$$

개별 주식의 선도 가격은 델타만 존재하고 감마가 없는 것에 비해 최
저 성과의 선도 가격은 감마와 교차감마[cross gamma]가 존재하는 것을 볼 수
있다. 특히 $\sigma_1 = \sigma_2$이며 $\rho \to 1$인 경우에 $F_1(0,T) \neq F_2(0,T)$의 영역에
서는 교차감마가 없지만, $F_1(0,T) = F_2(0,T)$일 때 디랙의 델타 함수[delta]
[function]의 특이점을 갖는다는 것을 그림 10.3, 10.5에서 쉽게 알 수 있다.

최저 성과의 선도 가격은 기초자산이 1개 이상인 스텝다운[stepdown] ELS
의 가격을 정성적으로 해석하는 곳에 유용할 것이다. 뿐만 아니라 여기에
서 선도 가격을 유도하기 위해 사용한 기법들을 이용하면 최저 성과를 기
초자산으로 하는 옵션의 해석해를 구할 수 있다. 부록 C에서 최저 성과를
기초자산으로 하는 옵션들의 해석해를 유도했다.

마지막으로 식 (10.16b)에서 최저 성과의 선도 가격 $FW(0,T)$의 거동
을 계산할 수 있다. 이를 이용하면 최저 성과가 기초자산인 옵션을 계산할
수 있는 새로운 수치 방법이 개발될 수 있을 것으로 기대한다.

11장

퀀토 옵션

파생상품이 거래되는 통화^{currency}와 기초자산이 거래되는 통화가 다른 경우가 있다. 특히 옵션의 만기 수익 구조가 두 통화의 환율$^{exchange\ rate}$에 구체적으로 의존하지 않는 경우를 퀀토^{quanto} 옵션이라고 한다.

여기에서는 퀀토 옵션의 평가를 소개한다.

11.1 계산화폐 변환

아래의 기호들을 사용한다. 여기에서 나타나지 않은 기호는 사용할 때 따로 설명한다.

$M:$ 현금 계좌

$S:$ 해외에서 거래되는 자산

$r:$ 무위험 이자율

$\sigma:$ 자산의 변동성

$X:$ 환율(단위 외국 통화에 대한 자국 통화의 금액)

$W:$ Wiener process

$d:$ 자국을 의미하는 하첨자

$f:$ 해외를 의미하는 하첨자

우선 현금 계좌의 거동은 자명하다.

$$\frac{dM_d}{M_d} = r_d\,dt, \qquad \frac{dM_f}{M_f} = r_f\,dt \qquad (11.1)$$

외화로 거래해야 하는 자산인 S는 다음의 거동이 아님에 주의해야 한다.

$$\frac{dS}{S} = r_f\,dt + \sigma_S\,dW_s \qquad (11.2)$$

식 (11.2)는 $M_f(t)$가 계산화폐인 위험 중립 세계^{risk neutral world}다. 하지만 옵션 발행자의 입장에서는 $M_f(t)$를 직접 이용할 수 없기 때문에 $M_d(t)$를 계산화폐로 이용한 위험 중립 세계에서 평가^{pricing}해야한다.

M_d−world에서는 M_f가 아닌 $M_f\,X$가 거래 가능하므로 이는 무위험 이자율 r_d을 추세율^{drift rate}로 갖는 거동을 만족한다.

$$\frac{d(M_f X)}{M_f X} = r_d\,dt + \mathsf{RW} \qquad (11.3)$$

여기에서 RW는 랜덤 워크^{random walk}를 의미한다. 향후에도 구체적인 확률 과정^{stochastic process}이 중요하지 않은 경우에는 이와 같이 표기한다.

이토의 보조정리$^{\text{Itó lemma}}$를 이용하면 다음의 관계식을 얻는다.

$$\frac{d(M_f X)}{M_f X} = \frac{dM_f}{M_f} + \frac{dX}{X} + \frac{dM_f}{M_f}\frac{dX}{X} \tag{11.4}$$

M_f의 거동에 RW가 없음에 주의하면 환율 $X(t)$의 거동은 아래와 같다.

$$\frac{dX}{X} = (r_d - r_f)\,dt + \sigma_x\,dW_x \tag{11.5}$$

추세율이 다른 방법으로 계산한 선도환$^{\text{FX forward}}$의 이론가와 일치하는 것을 볼 수 있다.[1]

같은 논리를 외화 자산인 S에 적용할 수 있다. SX가 M_d-world에서 거래 가능하므로 다음을 만족한다.

$$\frac{d(SX)}{SX} = r_d\,dt + \sigma_s\,dW_s \tag{11.6}$$

다시 한번 더 이토의 보조정리를 적용해 다음을 얻는다.

$$\frac{d(SX)}{SX} = \frac{dS}{S} + \frac{dX}{X} + \frac{dS}{S}\frac{dX}{X} \tag{11.7}$$

ρ를 dW_s와 dW_x의 상관 계수라고 하면 다음 식이 성립한다.

$$\frac{dS}{S}\frac{dX}{X} = \rho\sigma_s\sigma_x\,dt \tag{11.8}$$

위의 식들을 정리하면 M_d-world에서 외화 자산인 S의 거동을 결정할 수 있다.

$$\frac{dS}{S} = (r_f - \rho\sigma_s\sigma_x)\,dt + \sigma_s\,dW_s \tag{11.9}$$

여기에서 $\rho\sigma_s\sigma_x$를 퀀토 조정$^{\text{quanto adjustment}}$이라고 한다. 일반적으로 외화 자산을 거래할 때 환율 변동에 따른 배당 효과라고 해석한다.

---

1. 선도환의 이론가는 $X\,e^{(r_d - r_f)(T-t)}$이다.

11.2 블랙-숄즈 방정식

11.2.1 외국 통화 주식, 자국 통화 옵션

해외 자산 S를 기초자산으로 하는 자국 통화의 옵션을 발행하고 이를 S를 이용해 델타 헤지를 하는 경우를 고려한다. 옵션의 가격을 V라고 하고 계산의 편의를 위해 헤지북의 자국 통화 계정을 무시하면 발행자의 포트폴리오의 자국 통화로의 평가는 다음과 같다.

$$\Pi = -V + \Delta SX + M_f X \tag{11.10}$$

여기에서 Δ는 주식 수량을 의미하며 뒤에서 결정할 것이다. 포트폴리오의 가격 변동은 다음과 같다.

$$\delta\Pi = -\delta V + \Delta X\,\delta S + \Delta S\,\delta X + \Delta\,\delta S\,\delta X + X\,\delta M_f + M_f\,\delta X \tag{11.11}$$

테일러 전개를 이용하면 옵션의 가격 변동은 아래와 같이 표현된다.

$$\delta V = \frac{\partial V}{\partial t}\delta t + \frac{\partial V}{\partial S}\delta S + \frac{1}{2}\frac{\partial^2 V}{\partial S^2}(\delta S)^2 \tag{11.12}$$

식 (11.12)를 이용하면 식 (11.10)에서 δS와 δX의 계수를 결정할 수 있다.

$$\delta S: \qquad -\frac{\partial V}{\partial S} + \Delta X \tag{11.13}$$

$$\delta X: \qquad \Delta S + M_f \tag{11.14}$$

δS와 δX을 변동을 헤지하려고 각각의 계수들이 0이 되도록 Δ와 M_f를 결정한다.

$$\Delta = \frac{1}{X}\frac{\partial V}{\partial S}, \qquad M_f = -\frac{S}{X}\frac{\partial V}{\partial S} \tag{11.15}$$

Δ는 매수해야 하는 주식 수량을 의미하고, 이를 위해 차입해야 하는 외환을 M_f가 의미하고 있다.

확률 미적분학의 다음의 심벌 계산 공식과

$$(dS)^2 = \sigma_s^2 S^2 \, dt$$
$$(dS)(dX) = \rho \sigma_s \sigma_x SX \, dt \tag{11.16}$$

식 (11.15)의 결과를 이용하면 식 (11.11)을 아래와 같이 정리할 수 있다.

$$\delta\Pi = -\frac{\partial V}{\partial t}\,\delta t - (r_f - \rho\sigma_s\sigma_x)\,S\frac{\partial V}{\partial S}\,\delta t - \frac{\sigma_s^2}{2}S^2\frac{\partial^2 V}{\partial S^2}\,\delta t \tag{11.17}$$

이제 포트폴리오 Π는 주가와 환률의 변동에 무관하기 때문에 무차익 거래 조건을 적용하면 포트폴리오 Π는 무위험 금리로 증가하는 시간 가치만을 갖게 된다.

$$\delta\Pi = r_d \, \Pi \, \delta t \tag{11.18}$$

식 (11.10), (11.17), (11.18)을 이용해 퀀토 옵션의 블랙-숄즈 방정식이 유도된다.

$$\frac{\partial V}{\partial t} + (r_f - \rho\sigma_s\sigma_x)\,S\frac{\partial V}{\partial S} + \frac{\sigma_s^2}{2}S^2\frac{\partial^2 V}{\partial S^2} = r_d V \tag{11.19}$$

이 결과는 마팅게일^{martingale} 방법으로 유도할 수 있다. 자국 통화 M_d를 계산화폐로 사용할 때 옵션의 가격은 다음과 같이 주어진다.

$$V(t) = e^{-r_d(T-t)}\widetilde{\mathbb{E}}\,[V(S_T)] \tag{11.20}$$

기초자산의 거동이 식 (11.9)임을 주의하면 파인만-카츠의 정리$^{\text{Feynman-Kac}}$ ^{theorem}로부터 옵션의 가격은 식 (11.19)를 만족하는 것을 알 수 있다.

11.2.2 자국 통화 주식, 외국 통화 옵션

앞의 경우와 반대의 상황으로 기초자산은 자국 통화로 거래되고, 옵션은
외국 통화로 발행한 경우를 고려하자. 앞의 경우와 같이 헤지를 하고 있는
발행자의 포트폴리오는 다음과 같다.

$$\Pi = -VX + \Delta S + M_f X \tag{11.21}$$

포트폴리오의 가격 변동은 다음과 같다.

$$\delta\Pi = -X\,\delta V - V\,\delta X - \delta V\,\delta X + \Delta\,\delta S + X\,\delta M_f + M_f\,\delta X \tag{11.22}$$

옵션 가격 V의 테일러 급수 전개인 식 11.12을 이용해 δS와 δX에 의존
하는 항을 계산할 수 있다.

$$\delta S: \quad -X\frac{\partial V}{\partial S} + \Delta \tag{11.23}$$

$$\delta X: \quad -V + M_f \tag{11.24}$$

포트폴리오의 손익 변동이 주가와 환율 변동에 무관하려면 다음을 만족한
다.

$$\Delta = X\frac{\partial V}{\partial S}, \qquad M_f = V \tag{11.25}$$

식 (11.22), (11.25)을 이용하면 아래를 구할 수 있다.

$$\delta\Pi = -X\frac{\partial V}{\partial t}\,\delta t - \rho\sigma_s\sigma_x XS\frac{\partial V}{\partial S}\,\delta t - \frac{\sigma_s^2}{2}XS^2\frac{\partial^2 V}{\partial S^2}\,\delta t + r_f XV\,\delta t \tag{11.26}$$

앞의 경우와 같이 무차익 거래 원리인 식 (11.18)을 적용하면 블랙-숄즈 방정식을 구할 수 있다.

$$\frac{\partial V}{\partial t} + (r_d + \rho\sigma_s\sigma_x)\, S \frac{\partial V}{\partial S} + \frac{\sigma_s^2}{2} S^2 \frac{\partial^2 V}{\partial S^2} = r_f V \tag{11.27}$$

퀀토 조정에 해당하는 항이 앞의 경우의 식 (11.19)와 부호가 서로 다름에 주의하자.

이를 위험 중립 평가의 관점에서 해석할 수 있다. 우선 환율에 관한 간단한 관계식을 유도하고자 한다. 혼돈을 피하고자 환율의 표기법을 다음과 같이 정의한다.

$$X_f^d \ : \ \text{domestic currency per one foreign currency} \tag{11.28}$$

위에서 계속 사용해 온 기호인 X는 X_f^d와 정의가 일치하는 것을 알 수 있다. 그리고 다음의 식이 자연스럽게 유도된다.

$$X_d^f = \frac{1}{X_f^d}, \qquad X_{f_1}^{f_2} = X_{f_1}^d \cdot X_d^{f_2} \tag{11.29}$$

자국 통화 계산화폐$^{\text{domestic numéraire}}$에서 각각의 거동은 다음과 같다.

$$\frac{dX_f^d}{X_f^d} = (r_d - r_f)\, dt + \sigma_x\, dW_x \tag{11.30}$$

$$\frac{dX_d^f}{X_d^f} = (r_f - r_d + \sigma_x^2)\, dt - \sigma_x\, dW_x \tag{11.31}$$

자국 통화의 자산을 기초로 하는 해외 통화의 옵션을 평가하려면 외국 통화의 은행 계좌$^{\text{money market}}$ $M_f(t)$를 계산화폐로 사용하는 것이 자연스럽다.

$$V(t) = e^{-r_f(T-t)}\widetilde{\mathbb{E}}^{\text{f}}[V(S_T)] \tag{11.32}$$

M_f-계산화폐에서 국내 통화로 거래되는 S의 거동은 다음과 같다.

$$\frac{dS}{S} = (r_d - \rho_y \sigma_s \sigma_y)\, dt + \sigma_s\, dW_s \tag{11.33}$$

여기에서 $Y = M_d^f$이다. 그리고 ρ_y는 dW_s와 dW_y의 상관 계수다.

$$\rho_y \sigma_s \sigma_y\, dt = \text{cov}\left(\frac{dS}{S}, \frac{dM_d^f}{M_d^f}\right) \tag{11.34}$$

$$= -\text{cov}\left(\frac{dS}{S}, \frac{dM_f^d}{M_f^d}\right) \tag{11.35}$$

$$= -\rho_x \sigma_s \sigma_x\, dt \tag{11.36}$$

그러므로 다시 한번 파인만-카츠의 정리를 사용하면 식 (11.27)이 유도된다.

11.2.3 외국 통화 주식, 다른 외국 통화 옵션

기초자산은 통화 1(환율 X_1^d)로 거래되고, 옵션은 통화 2(환율 X_2^d)로 발행한 경우를 고려하자. 앞의 두가지 경우의 조합으로서 같은 계산을 반복하면 아래의 블랙-숄즈 방정식을 유도할 수 있다.

$$\frac{\partial V}{\partial t} + (r_1 - \rho_1 \sigma_s \sigma_1 + \rho_2 \sigma_s \sigma_2)\, S\frac{\partial V}{\partial S} + \frac{\sigma_s^2}{2} S^2 \frac{\partial^2 V}{\partial S^2} = r_2 V \tag{11.37}$$

하첨자 1, 2는 각각의 통화에 연관된 변수들이다.

$$(\rho_1 \sigma_s \sigma_1 - \rho_2 \sigma_s \sigma_2)\, dt$$

$$= \text{cov}\left(\frac{dS}{S}, \frac{dX_1^d}{X_1^d}\right) - \text{cov}\left(\frac{dS}{S}, \frac{dX_2^d}{X_2^d}\right)$$

$$= \text{cov}\left(\frac{dS}{S}, \frac{dX_1^d}{X_1^d} - \frac{dX_2^d}{X_2^d}\right) \tag{11.38}$$

여기에서 확률 미적분의 다음 결과에 유의한다.

$$\frac{d(X/Y)}{X/Y} = \frac{dX}{X} - \frac{dY}{Y} - \frac{dX}{X}\frac{dY}{Y} + \left(\frac{dY}{Y}\right)^2 \tag{11.39}$$

그러면 식 (11.38)이 아래가 된다.

$$\mathrm{cov}\left(\frac{dS}{S}, \frac{d(X_1^d/X_2^d)}{X_1^d/X_2^d}\right) \tag{11.40}$$

환율이 $X_1^d/X_2^d = X_1^2$을 만족하는 것에 주의하면 다음을 얻는다.

$$\rho_1\sigma_s\sigma_1 - \rho_2\sigma_s\sigma_2 = \rho_{12}\sigma_s\sigma_{12} \tag{11.41}$$

여기에서 σ_{12}는 X_1^2의 변동성이고, ρ_{12}는 X_1^2의 수익률과 S의 수익률의 상관 계수다. 최종적으로 블랙-숄즈 방정식은 다음과 같다.

$$\frac{\partial V}{\partial t} + (r_1 - \rho_{12}\sigma_s\sigma_{12})\, S\frac{\partial V}{\partial S} + \frac{\sigma_s^2}{2}S^2\frac{\partial^2 V}{\partial S^2} = r_2 V \tag{11.42}$$

11.3 나가면서

앞에서 퀀토 옵션의 세 가지 경우에 대해 블랙-숄즈 방정식을 유도했다. 결론적으로 옵션을 발행한 통화를 자국 통화로 보고, 기초자산의 통화를 외국 통화로 생각한 후에 퀀토 조정을 위한 환율을 해외 통화 1에 대한 자국 통화로 정의를 해 계산화폐 변환의 결과를 사용해 파인만-카츠의 정리로 블랙-숄즈 방정식을 유도할 수 있음을 확인할 수 있다.

12장

분산 스와프

12.1 수익 구조

분산 스와프$^{\text{variance swap}}$는 만기 시에 다음의 금액을 받는 선도 계약$^{\text{forward contract}}$이다.

$$N \times \left(\sigma_R^2 - \sigma_K^2 \right) \tag{12.1}$$

- N: 명목 금액$^{\text{notional amount}}$

- σ_R^2: 계약 기간 동안 실현된 연환산 분산^{variance}. 로그 수익률 또는 단순 수익률을 이용한다.

$$\sigma_R^2 = \frac{\text{AF}}{N_d} \sum_{i=1}^{N_d} R_i^2 \tag{12.2}$$

- N_d: 계약 기간 동안의 영업일$^{\text{business day}}$의 개수

- AF: 연환산 계수^{annualizing factor} (보통 250, 252, 260을 사용)

- R_i: 일일 수익률^{daily return}. 단순 수익률^{simple return} 또는 로그 수익률^{log return}을 사용

$$R_i = \frac{S_i - S_{i-1}}{S_{i-1}}, \quad \text{or} \quad \log(S_i/S_{i-1}) \tag{12.3}$$

- σ_K^2: 분산 행사가

유통되는 계약서에서는 흔히 분산에 100을 곱한 값을 사용하는 경우가 많다. 그러나 여기에서는 수식의 복잡성을 피하고자 100을 생략한 값을 사용했다. 100을 곱한 경우에는 N을 $N/100$으로 바꾸면 같은 결과다.

계약서에는 실현 분산이 이산화된 영업일 기준으로 나타나 있지만 이론가 계산의 편의를 위해 여기에서는 연속 주가를 가정한다. 그리고 1 영업일을 δt라고 두면, $t = n\delta t$의 관계를 만족하며 연환산 계수인 AF가 $1/\delta t$임을 주의하자.

분산 스와프 계약은 선도 계약이므로 계약 시점의 시장가는 영^{zero value}이다. 그러므로 위험 중립 평가^{risk neural pricing} 공식을 이용하면

$$e^{-rT}\widetilde{\mathbb{E}}(\sigma_R^2 - \sigma_K^2) = 0 \tag{12.4}$$

즉 분산 행사가가 다음의 관계를 만족하는 것을 알 수 있다.

$$\sigma_K^2 = \widetilde{\mathbb{E}}(\sigma_R^2) \quad (= \sigma_F^2) \tag{12.5}$$

이 값을 선도 분산^{forward variance} σ_F^2라 하며 콜옵션 $C(K)$와 풋옵션 $P(K)$로 구성된 바닐라 옵션으로 복제된다고 알려져 있다. 이는 부록 E에 자세

하게 설명했고 여기에서는 그 결과만을 언급한다.

$$\sigma_F^2 = 2r - \frac{2}{T}\left(\frac{S_0}{S_*}e^{rT} - 1\right) - \frac{2}{T}\log\frac{S_*}{S_0}$$
$$+ \frac{2e^{rT}}{T}\left(\int_0^{S_*}\frac{\mathsf{P}(K)}{K^2}\,dK + \int_{S_*}^{\infty}\frac{\mathsf{C}(K)}{K^2}\,dK\right) \tag{12.6}$$

12.2 시가 평가

$t = 0$에서 계약이 시작되고 만기일이 $t = T$인 분산 스와프 계약의 평가일 t 시점의 시장가를 계산하고자 한다. 오해를 피하고자 시간 구간 $t = 0$부터 $t = T$까지의 분산은 $\sigma^2(0, T)$의 표기법을 사용한다. t 시점에 행사가가 $\sigma_{K'}^2$이고 명목 금액이 $N \cdot \frac{T-t}{T}$인 분산 스와프를 이용해 반대 매매를 했을 경우 만기 시점 $t = T$에서의 현금 흐름은 다음과 같다.

$$N \times \left(\sigma_R^2(0, T) - \sigma_K^2 - \frac{T-t}{T}\left(\sigma_R^2(t, T) - \sigma_{K'}^2\right)\right) \tag{12.7}$$

$t = 0$에서 t시점까지 실현된 수익률이 $\{R_i\}_{i=1}^n$인 경우에 실현 변동성이 다음의 관계식을 만족하는 것을 알 수 있다.

$$\sigma_R^2(0, T) = \frac{\mathrm{AF}}{N_d}\left(\frac{n}{n}\sum_{i=1}^n R_i^2 + \frac{N_d - n}{N_d - n}\sum_{i=n+1}^{N_d} R_i^2\right)$$
$$= \left(\frac{t}{T}\sigma_R^2(0, t) + \frac{T-t}{T}\sigma_R^2(t, T)\right) \tag{12.8}$$

이를 이용하면 분산 스와프의 포트폴리오의 만기 현금 흐름은 다음과 같음을 계산할 수 있다.

$$N \times \left(\frac{t}{T}\sigma_R^2(0, t) + \frac{T-t}{T}\sigma_{K'}^2 - \sigma_K^2\right) \tag{12.9}$$

위의 현금 흐름이 향후에 실현되는 주가와는 무관한 고정 현금 흐름이므로, t시점에서 분산 스와프 계약의 가격은 할인된 만기 현금 흐름으로 표현돼야 한다.

$$Price = N \times e^{-r(T-t)} \left(\frac{t}{T} \sigma_R^2(0, t) + \frac{T-t}{T} \sigma_{K'}^2 - \sigma_K^2 \right) \quad (12.10)$$

또는 행사가의 이론가가 선도 분산임을 나타내는 식 (12.5)를 사용하면 아래와 같이 바꾸어 서술할 수 있다.

$$Price = N \times e^{-r(T-t)} \left(\frac{t}{T} \sigma_R^2(0, t) + \frac{T-t}{T} \sigma_F^2(t, T) - \sigma_K^2 \right) \quad (12.11)$$

식 (12.11)에서 미래에 실현될 분산 $\sigma_R^2(0, T)$는 현재까지 실현된 분산 $\sigma_R^2(0, t)$와 현재 옵션 가격에서 결정되는 선도 분산 $\sigma_F^2(t, T)$의 시간 가중 평균으로 표현되고 있음을 기억해 두는 것이 도움이 된다.

12.3 그릭

12.3.1 델타

앞에서 분산 스와프의 가격은 현재까지 실현된 분산과 향후 실현될 선도 분산의 시간 가중 평균에 의존하는 것을 보았다. 현재 주가를 $S(t)$라고 하면 아직 당일의 종가가 결정되지 않았기 때문에 $\sigma_R^2(0, t)$의 값에 영향을 주게 된다. 이것을 장중 델타라고 하겠다. 그리고 현재 주가의 변화가 변동성 곡면에 영향을 줘 그 결과로 선도 분산 $\sigma_F^2(t, T)$에 영향을 주게 되는데 이를 스큐 델타$^{skew\ delta}$라고 하고 12.4.2절에서 논의를 하겠다.

직전 영업일까지의 주가를 $\{S_i\}_{i=0}^{n-1}$이라고 하고 현재 주가를 $S(t)$를 S_n이라 표기하면 실현 분산 $\sigma_R^2(0, t)$는 식 (12.8)을 여전히 사용할 수 있다. 하지만 현재 영업일의 장이 종료되지 않았기 때문에 S_n은 결정되지 않은 상태다. 이때 장중에 $S(t)$가 변하게 되면 $\sigma_R^2(0, t)$의 값이 변화하게 된다.

$$\frac{\partial \sigma_R^2}{\partial S} = \frac{2R_n}{n} \frac{\partial R_n}{\partial S} \tag{12.12}$$

이며

$$\frac{\partial R_n}{\partial S} = \begin{cases} \text{AF}/S_{n-1}, & \text{simple return} \\ \text{AF}/S_n, & \text{long return} \end{cases} \tag{12.13}$$

이다. $n = t\delta t$, AF$=1/\delta t$임을 이용하면 장중 델타는 다음과 같다.

$$\Delta = \begin{cases} N \times e^{-r(T-t)} \frac{2}{T} \frac{S-S_{n-1}}{S_{n-1}^2} & \text{simple return} \\ N \times e^{-r(T-t)} \frac{2}{T} \frac{\log(S/S_{n-1})}{S} & \text{log return} \end{cases} \tag{12.14}$$

장중 델타의 부호는 직전 영업일의 종가 S_{n-1} 대비 현재가의 차이에 의존하는 것에 주의를 해야 한다. 만약에 현재 주가가 직전 영업일의 종가 대비 상승했다면 장중 델타는 매수 포지션$^{\text{long delta}}$이며, 반대로 직전 영업일 종가 대배 현재 주가가 하락하면 장중 델타는 매도 포지션$^{\text{short delta}}$이다.

장중 델타를 S에 대해 미분해 장중 감마를 계산하면 다음과 같다.

$$\Gamma = \begin{cases} N \times e^{-r(T-t)} \frac{2}{T} \frac{1}{S_{n-1}^2} & \text{simple return} \\ N \times e^{-r(T-t)} \frac{2}{T} \frac{1}{S^2} & \text{log return} \end{cases} \tag{12.15}$$

감마는 항상 양수임에 주의하자.

12.3.2 그 외 그릭

여기에서는 위에 언급하지 않은 그릭인 Θ와 $\mathcal{V}$를 설명한다. 간략한 수식을 위해 명목금액 $N = 1$, 금리 $r = 0$인 경우로 한정한다.

선도 스와프 계약의 가격인 식 (12.11)을 시간에 대해 미분하면 Θ를 계산할 수 있다.

$$\Theta = \frac{1}{T}\left(\sigma_R^2(0,t) + t\frac{\partial\sigma_R^2(0,t)}{\partial t} - \sigma_F^2(t,T)\right) \tag{12.16}$$

두 번째 항은 장중 세타를 의미한다. 이 계산을 위해 다음의 근사식을 사용한다(dt는 δt보다 더 짧은 시간 간격을 의미한다).

$$\sigma_R^2(0,t+dt) \approx \sigma_R^2(0,t) + \frac{\mathrm{AF}}{n}(\log(S/S_{n-1}))^2 \tag{12.17}$$

$$(\log(S/S_{n-1}))^2 \approx \sigma_a^2 dt \tag{12.18}$$

여기에서 σ_a는 현재 영업일의 실제 변동성을 의미한다. 그러므로 다음을 알 수 있다.

$$\frac{\partial\sigma_R^2(0,t)}{\partial t} = \sigma_a^2\mathrm{AF}/n \tag{12.19}$$

임을 알 수 있고, 최종적으로 세타의 식을 구한다.

$$\begin{aligned}\Theta &= \frac{1}{T}\left(\sigma_R^2(0,t) + \frac{t\mathrm{AF}}{n}\sigma_a^2 - \sigma_F^2(t,T)\right)\\ &= \frac{1}{T}\left(\sigma_R^2(0,t) + \sigma_a^2 - \sigma_F^2(t,T)\right)\end{aligned} \tag{12.20}$$

이는 선도 분산 대비 주식의 움직임이 큰 경우에 수익이 나며 이 수익이 실현 분산에 축적되는 것을 알 수 있다.

블랙-숄즈 공식에서 금리를 무시하는 경우에 Θ와 Γ는 다음의 관계식을 만족한다.

$$\Theta + \frac{\sigma_{\mathrm{BS}}^2}{2}S^2\Gamma = 0 \tag{12.21}$$

식 (12.20)에 나타난 변동성 σ_R, σ_a, σ_R이 모두 σ_{BS}로 일치한다고 가정하면 위의 식이 성립함을 알 수 있다.

베가를 계산하려면 변동성 곡면을 고려해 스큐의 영향을 살펴봐야 한다. 스큐의 영향은 12.4절에서 설명을 할 예정이며, 여기에서는 내재 변동성이 상수 σ인 경우로 한정하겠다. 이런 상황에서는 선도 분산은 $\sigma_F^2 = \sigma^2$으로 나타나며 식 (12.11)을 σ에 관해 미분을 하면 베가를 구할 수 있다 (장중 베가는 무시했다).

$$\nu = 2\frac{T-t}{T}\sigma \qquad (12.22)$$

바닐라 옵션의 경우 베가가 현재 주가의 영향을 받는 반면 분산 스와프 계약의 베가는 주가 무관함에 주의하자. 주가에 무관한 베가를 갖는 옵션의 포트폴리오는 행사가 K의 제곱에 반비례하는 수량을 가진다는 것을 부록 D에 설명했다.

12.4 스큐

스큐를 모델링하는 방법이 여러 가지가 있다. 확률 변동성 모형을 사용하는 방법이 그중 하나이며, Heston 모형이 가장 일반적으로 사용되고 있다. Heston 모형하에서 분산 스와프를 평가한 결과는 Gatheral(2006)에 자세하게 나와 있다. 하지만 확률 변동성을 이용한 평가 모형이 실제 헤지 운용에 사용되지 않기 때문에 여기에서는 5장에서 설명한 고착성[stickyness]을 이용해 스큐의 영향을 정성적으로만 분석한다.

ATM에서 변동성 곡면을 선형으로 근사하면 머니니스 고착[sticky money-ness]은 다음으로 표현된다.

$$\hat{\sigma}(S, K) = \sigma_0 - b(K/S - 1) \qquad (12.23)$$

σ_0는 ATM의 변동값을, b는 내재 변동성 곡면의 ATM에서 스큐를 의미하며, 일반적으로 기초자산이 주식인 경우에는 $b > 0$이고 상품인 경우에는 $b < 0$이다.

12.4.1 선도 분산

Demeterfe, et al(1999)에서 스큐가 있는 내재 변동성 곡면 상황에서 선도 분산의 값을 근사적으로 계산했다. 여기에서는 머니니스에 대한 일차 근사를 이용한 결과만 인용한다.

$$\sigma_R^2 = \sigma_0^2 \left(1 + 3Tb^2 + \cdots\right) \tag{12.24}$$

위의 식에서 변동성 곡면의 스큐가 증가하면 선도 분산이 증가함을 알 수 있다. 그리고 b^2에만 의존하고 b에 의존하지 않음을 주의하라. 이는 스큐의 방향에 무관하게(b의 부호에 무관하게) 스큐의 절대값이 증가하면 선도 분산이 증가하는 것을 의미한다.

위의 결과를 이용해 행사가 고착$^{\text{sticky strike}}$인 경우를 고려해 보자. 여전히 변동성 곡면을 머니니스에 대해 일차 함수로 근사하면 행사가 고착인 경우는 다음으로 표현된다.

$$\hat{\sigma}(S, K) = \sigma_0^2 - b\left(K/S_0 - 1\right) \tag{12.25}$$

주가가 변동해 $S_1 = S_0 + \delta S$이면 위의 식은 다음과 같이 변하게 된다.

$$\hat{\sigma}(S, K) = \sigma_0^2 - bK\delta S/S_1^2 - b\left(K/S_1 - 1\right) \tag{12.26}$$

이는 행사가 고착인 경우에는 주가가 상승해도 변동성 곡면은 변화가 없기 때문에 ATM 변동성이 하락하는 효과가 있다. 그러므로 행사가 고착에서 주가가 δS만큼 상승한다면 식 (12.24)의 근사 상황에서 선도 분산은 아래와 같게 된다.

$$\sigma_R^2 = (\sigma_0 - bK\delta S/S_1^2)^2 \left(1 + 3Tb^2 + \cdots\right) \tag{12.27}$$

12.4.2 스큐 델타

부록 E의 식 (E.9)에서 선도 분산을 머니니스로 표현할 수 있다. 이러한 상황에서 변동성 곡면이 주가에 대해 머니니스 고착으로 움직이면 선도분산은 주가 움직임에 무관하게 된다. 그러나 변동성 곡면이 머니니스 고착이 아닌 경우에는 상황이 달라진다. 변동성 곡면이 머니니스 고착이 아닌 경우 주가가 변하면 변동성 곡면의 움직임으로 ATM의 변동성이 변하게 돼 서 결국 선도 분산 또한 변한다. 그러므로 델타가 생성되며 이를 스큐 델타라고 한다.

식 (12.27)에서 행사가 고착인 상황에서 주가의 변동에 따른 선도 분산의 값을 구했다. 이를 이용하면 머니니스에 대해 일차로 표현되는 변동성 곡면이 행사가 고착으로 주가에 반응하는 상황에서 스큐 델타를 구할 수 있다.

$$\Delta_{\text{skew}} = -2bK/S^2 \tag{12.28}$$

보다 일반적인 스큐 델타는 내재 변동성 곡면이 주가 변화에 따른 움직이는 양상에 의존하게 된다. 그러므로 사용하고 있는 변동성 곡면의 거동 모형volatility surface dynamics에 의존하게 된다. 스큐 델타에 관한 추가적인 연구를 위해서는 변동성 곡면의 거동 모형에 관한 연구가 선행돼 야 한다.

13장

다중 척도 정칙화

13.1 들어가며

금융 상품의 평가에 있어서 몬테카를로 시뮬레이션[MCS]을 많이 사용한다. 특히 상품이 경로 의존적인 경우에는 유한 차분법[FDM]을 사용하는 것은 불가능해 MCS에 의존할 수밖에 없다.

MCS는 모집단의 평균을 표본의 평균을 이용해 근사하는 방법이므로 표본의 갯수 또는 시뮬레이션의 횟수를 n이라고 하면 통계적인 오차는 $O(1/\sqrt{n})$으로 매우 느리게 참값에 수렴한다. 특히 금융에서 그릭을 계산하는 경우에는 더욱더 느린 수렴성을 보인다.

f를 참값 $\tilde{f}$의 MCS 근사값이라고 두면 다음의 관계식이 성립한다.

$$f(x) = \tilde{f}(x) + O(1/\sqrt{n}) \tag{13.1}$$

유한 차분[finite difference]을 이용해 델타를 계산하는 경우에는 아래의 식을 사용하게 된다.

$$\Delta = \frac{f(x+h) - f(x-h)}{2h} + O(h) \tag{13.2}$$

식 (13.1)을 식 (13.2)에 대입하면 참값 $\widetilde{\Delta}$값에 대해 추정한 Δ값의 오차를 계산할 수 있다.

$$\begin{aligned}\Delta &= \frac{\widetilde{f}(x+h) - \widetilde{f}(x-h) + O(1/\sqrt{n})}{2h} + O(h) \\ &= \widetilde{\Delta} + O\left(h, \frac{1}{h\sqrt{n}}\right)\end{aligned} \tag{13.3}$$

식 (13.3)에서 알 수 있듯이 $h \gg 1$이면 미분을 계산하는 유한 차분의 절단 오차$^{\text{truncated error}}$가 증가하고, $h \ll 1$이면 MCS의 통계적인 오차가 증가한다. 그러므로 델타를 보다 더 정확하게 계산하기 위해서는 시행 횟수 n을 더욱더 증가시켜야 한다.

최근의 컴퓨터의 사양이 매우 발전했음에도 시행 횟수는 현실적으로 10만번 정도로 계산하는 것이 현실적인 상황이다. 이 정도의 시행 횟수는 그릭의 값이 안정적으로 계산되기에는 부족한 점이 있다. 본 연구에서는 시행 횟수를 증가시키는 방법이 아니라 정칙화^{regularization}를 통해 MCS의 결과에 있는 오차를 제거하는 방법을 제안한다.

13.2 오차와 정칙화

측정값 또는 시뮬레이션의 결과값 $y(x)$는 오차^{error}를 포함한다. 참값을 $u(x)$라고 하면 오차를 퓨리어 변환을 한 후에 가장 중요한 모드^{mode}만 나타내면 아래와 같다.

$$y(x) = u(x) + \epsilon \sin(kx) \tag{13.4}$$

여기에서 일반적으로 $\epsilon \ll 1$이고 $k \gg 1$의 값을 갖게 된다. $|\epsilon \sin(kx)| \leq$ ϵ이고 ϵ이 매우 작은 값이기 때문에 오차는 일반적으로 무시할 수 있는 값이다. 그러나 미분값을 계산하면 상황은 달라진다.

$$y'(x) = u'(x) + \epsilon k \cos(kx) \tag{13.5}$$

$$y''(x) = u''(x) - \epsilon k^2 \sin(kx) \tag{13.6}$$

$k \gg 1$이기 때문에 미분의 횟수가 증가함에 따라서 오차는 무시할 수 없을 정도로 증폭된다.

일반적으로 가장 많이 사용하는 정칙화는 두 번 미분값인 곡률^{curvature} 을 이용한 페널티^{penalty} 함수를 최소화하는 $u(x)$를 찾는 것이다(Haykin, 1999, Press, et al, 1992).

$$\min \left\{ \|u(x) - y(x)\| + \lambda^2 \|u''(x)\| \right\} \tag{13.7}$$

이때 λ는 미리 결정한 상수 값이다. $\lambda \ll 0$이면 $u(x) \approx y(x)$이므로 정칙화 효과가 없다. $\lambda \gg 0$이면 $u''(x) \approx 0$, 즉 직선이 된다. $y(x)$를 계산할 때 발생하는 표준 오차$^{standard\ error}$를 이용해 λ를 결정하는 일반적인 방법이 Haykin(1999)에 소개돼 있지만, 원하는 정도의 노이즈를 제거하기 위해 상황에 맞게 λ값을 조정해야 한다.

여기서는 λ 값을 사용하지 않는 정칙화 방법을 소개하고자 한다.

13.3 다중 척도 정칙화

측정값 또는 관찰값 $y(x)$가 등간격의 격자^{grid}상에 있다고 가정한다. 이를 y_i로 표현한다. 유한 차분을 이용해 두 번 미분값을 계산하면 다음과 같다($\delta x = 1$).

$$y_i'' \sim (y_{i-1} - 2y_i + y_{i+1}), \qquad \left(\equiv \frac{\partial^2 y}{\partial x^2} \right) \tag{13.8}$$

측정값 y_i에는 오차가 포함돼 있기 때문에 식 (13.8)을 이용해 계산하면 오차가 심하게 증폭된다. 만약에 u_i가 오차를 포함하지 않고 충분히 매끈하다고 가정하면 식 (13.8)로 계산해도 매끈한 함수가 생성되고 또한 아래의 유한 차분으로 계산한 값과 비슷한 결과가 돼야 한다($\delta x = 2$).

$$u_i'' \sim (u_{i-2} - 2u_i + u_{i+2})/4, \qquad \left(\equiv \frac{\partial^2 u}{\partial X^2} \right) \tag{13.9}$$

식 (13.9)는 격자의 간격이 2라고 가정하고 계산한 값이다. 즉 식 (13.8)는 조밀한 격자$^{\text{fine grid}}$ (x)상에서의 미분값 ($\frac{\partial^2 u}{\partial x^2}$), 식 (13.9)는 성긴 격자$^{\text{coarse grid}}$ (X)상에서의 미분값 ($\frac{\partial^2 u}{\partial X^2}$)을 의미한다.

위의 아이디어를 따라서 다음과 같은 정칙화를 생각할 수 있다.

$$\min \left\{ \|u(x) - y(x)\| + \lambda^2 \left\| \frac{\partial^2 u}{\partial x^2} - \frac{\partial^2 u}{\partial X^2} \right\| \right\} \tag{13.10}$$

이때 $\lambda \to \infty$이면 다음을 만족하게 된다.

$$\frac{\partial^2 u}{\partial x^2} = \frac{\partial^2 u}{\partial X^2} \tag{13.11}$$

식 (13.11)을 수치적으로 계산하려고 의사 시간$^{\text{pseduo time}}$을 이용한 아래의 방정식을 사용했다.

$$\frac{\partial u}{\partial t} = \alpha^2 \left(\frac{\partial^2 u}{\partial x^2} - \frac{\partial^2 u}{\partial X^2} \right) \tag{13.12}$$
$$u(x) = y(x) \quad \text{at } t = 0$$

13.4 결과

계산에 사용한 옵션은 $K = 100$, $T = 1\text{Y}$의 바닐라 콜옵션이며, 시장 변수는 $S_0 = 100$, $r = 4\%$, $\sigma = 20\%$다. 블랙-숄즈의 공식으로 구한 옵션 가격은 9.9250이며 델타는 0.620319이다.

앞에서 언급한 관찰값 y_i는 현재 주가를 85에서부터 115까지 1의 간격으로 MCS를 이용해 계산한 옵션 가격을 사용했다. 실제 계산에서는 식 (13.12)를 명시적 방법$^{\text{explicit scheme}}$을 사용했다.

$$u_i^{(n+1)} = u_i^{(n)} + \frac{1}{3} \left[\begin{array}{l} \left(u_{i-1}^{(n)} - 2u_i^{(n)} + u_{i+1}^{(n)} \right) \\ - \left(u_{i-2}^{(n)} - 2u_i^{(n)} + u_{i+2}^{(n)} \right)/4 \end{array} \right] \tag{13.13}$$

이것은 $\alpha^2 \delta t / (\delta x)^2 = 1/3$로 결정한 것이다.

열방정식을 FDM을 이용해 풀이할 때 명시적 방법에 비해 암시적 방법$^{\text{implicit scheme}}$이 안정성^{stability} 측면에서 효과적인 것으로 알려져 있다. 식 (13.13)에 대응하는 암시적 방법을 이용해 두 가지 방법을 비교해 보았을 때 암시적 방법의 특별한 장점을 발견하기 힘들었다. 그리고 식 (13.13)는 기하학적인 해석이 가능하기 때문에 명시적 방법을 이용했다.

양쪽 경계 부분에는 식 (13.12)을 적용할 수 없기 때문에 다음의 경계 조건을 이용했다.

$$\frac{\partial^2 u}{\partial x^2} = 0 \tag{13.14}$$

이 경계 조건으로 인해 최종 정칙화 결과는 경계에서 직선으로 나타나고 미분값이 상수가 되는 경향을 갖게 된다.

그림 13.1은 시행 횟수가 1,000번일 때의 결과를 보여 준다. 오차 막대$^{\text{error bar}}$는 표준 오차$^{\text{standard error}}$의 3배를 사용했다. 오차가 정규 분포를 따른다고 가정하면 참값이 오차 막대 사이에 있을 확률은 99.7%다. 그림

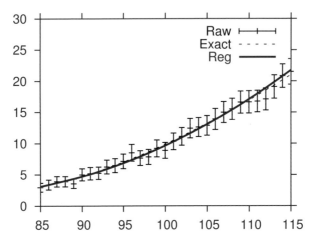

그림 13.1 시행 횟수가 1,000번일 때 옵션 가격(raw), 참값(exact), 정칙화값(reg)

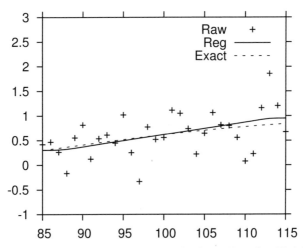

그림 13.2 시행 횟수가 1,000번일 때 델타 값(raw), 참값(exact), 정칙화값(reg)

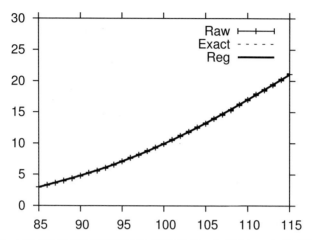

그림 13.3 시행 횟수가 200,0000번일 때 옵션 가격(raw), 참값(exact), 정칙화값(reg)

에서 보듯이 오차 막대의 크기가 상당히 큰 것으로 보인다. 식 (13.9)를 이용해 정칙화를 한 결과를 실선으로, 블랙-숄즈의 공식에서 구한 값을 점선으로 표현했다. 시행 횟수가 충분하지 않음에도 2개의 결과가 그림에서 거의 구별되지 않은 정도로 일치한다.

그림 13.2는 그림 13.1의 결과를 유한 차분해 델타를 계산한 것이다. 정칙화의 결과와 참값이 잘 일치하는 것을 알 수 있다.

그림 13.3은 시행 횟수가 200,000번인 경우다. 오차 막대의 크기를 보면 옵션의 가격은 충분히 수렴한 것같이 보인다. 그러나 그림 13.4에서 델타 값을 살펴보면 델타 값을 구하기에는 시행 횟수가 아직도 부족하는 것을 알 수 있다. 이런 상황에서 다중 척도 정치화를 이용하면 델타 값 또한 거의 참값에 근접하는 것을 알 수 있다.

여기서는 MCS의 결과를 이용해 다중 척도 정칙화를 이용해 델타 값을 개선했다. 현업에서는 델타 값 외에 감마와 베가 또한 계산해야 한다. 감마의 경우에는 추가 계산량이 필요하지 않지만 베가의 경우에는 변동성을 변화하면서 옵션 가격을 계산해야 하는 추가적인 부담이 있는 것이

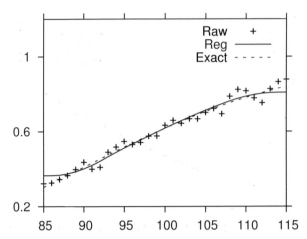

그림 13.4 시행 횟수가 200,000번일 때 델타 값(raw), 참값(exact), 정칙화값(reg)

현실이다.

부록

A 금리를 고려한 헤지 운용 성과

식 (8.3)을 다시 적어 보고 금리의 영향까지 고려한 논의를 계속한다.

$$\mathrm{PnL} = f_0(\hat{\sigma})e^{r\tau_0} - f_T$$
$$+ \boxed{\sum_{i=0}^{N-1} \Delta_i \, \delta S_{i+1} e^{r\tau_{i+1}}} - \sum_{i=0}^{N-1} r\Delta_i S_i e^{r\tau_{i+1}} \delta t \qquad (\mathrm{A.1})$$

첫 번째 항은 옵션 발행 시점에 수취한 옵션 프리미엄이고 두 번째 항은 옵션 만기에 지급해야 하는 금액이다. i번째 날에 주식을 Δ_i주 매수하고 다음 날인 $i + 1$에 매도하면 사각형 안의 항은 주가 변화에 따른 주식의 손익을 의미하고, 마지막 항은 하루 동안의 금융 비용이다. 헤지 운용의 성과는 사각형 안에 있는 항의 값이 중요하다.

다음 식에 주의한다.

$$\Delta_i \, \delta S_{i+1} e^{r\tau_{i+1}} = (\Delta_i \delta S_{i+1} - \delta f_{i+1})e^{r\tau_{i+1}} + \delta f_{i+1} \, e^{r\tau_{i+1}} \quad (\mathrm{A.2})$$

그리고 우변의 첫 번째 항을 블랙-숄즈 방정식을 이용해 그릭으로 표현한다.

$$\Delta_i\,\delta S_{i+1} - \delta f_{i+1} = -\Theta_i\,\delta t - \frac{\Gamma_i}{2}\,(\delta S_{i+1})^2$$

$$= \frac{S_i^2}{2}\Gamma_i\left[\sigma_h^2\,\delta t - \left(\frac{\delta S_{i+1}}{S_i}\right)^2\right] + (rS_i\Delta_i - rf_i)\,\delta t$$

$$\text{(A.3)}$$

위의 두 식을 이용해 식 (A.1)의 사각형 항을 다음으로 변형한다.

$$\sum_{i=0}^{N-1}\Delta_i\,\delta S_{i+1}e^{r\tau_{i+1}} = \sum_{i=0}^{N-1}\frac{S_i^2}{2}\Gamma_i\left[\sigma_h^2\,\delta t - \left(\frac{\delta S_{i+1}}{S_i}\right)^2\right]e^{r\tau_{i+1}}$$

$$\text{(A.4a)}$$

$$+\sum_{i=0}^{N-1}(rS_i\Delta_i - rf_i)\,\delta t\,e^{r\tau_{i+1}} \qquad \text{(A.4b)}$$

$$+\sum_{i=0}^{N-1}\delta f_{i+1}\,e^{r\tau_{i+1}} \qquad \text{(A.4c)}$$

식 (A.4c)가 다음이 되는 것을 주의한다.

$$\sum_{i=0}^{N-1}\delta f_{i+1}e^{r\tau_{i+1}} = -f_0(\sigma_h)\,e^{r\tau_1} + f_T + \sum_{i=1}^{N-1}rf_i\delta t\,e^{r\tau_i} \qquad \text{(A.5)}$$

이 모든 항을 정리하고 $e^{r\tau_i} \approx e^{r\tau_{i+1}}(1+r\delta t)$에 주의해 $o(\delta t)$인 항을 무시하면 헤지 운용의 최종 손익을 구할 수 있다.

$$\text{PnL} = (f_0(\widehat{\sigma}) - f_0(\sigma_h))\,e^{r\tau_0} + \sum_{i=0}^{N-1}\frac{S_i^2\Gamma_i}{2}(\sigma_h^2 - \sigma_a^2)\,\delta t\,e^{r\tau_{i+1}} \quad \text{(A.6)}$$

금융 수학에서 고려하는 것과 같이 변동성이 알려진 상수 값 σ로 주어지면 $\widehat{\sigma} = \sigma_a = \sigma_h = \sigma$가 돼서 운용 손익은 0이 되는 것을 볼 수 있다. 이것이 옵션 복제 이론이다.

B S-계산화폐에서 주가의 거동

거래 가능하고 배당을 지급하지 않는 임의의 자산의 가격 $N(t) > 0$은 계산화폐로 사용할 수 있다. 금융의 기본 정리^{Fundamental Theorem of Finance}에 의하면 주어진 계산화폐에 대해 임의의 자산 가격 $V(t)$가 다음을 만족하는 마팅게일 측도가 존재한다.

$$V(0)/N(0) = \mathbb{E}^N(V(T)/N(T)) \tag{B.1}$$

바꾸어 말하면 $V(t)/N(t)$가 마팅게일이 된다. 다른 계산화폐 $M(t)$를 고려하면 자산의 가격이 일물일가의 법칙^{law of one price}에 의해 2개의 계산화폐 사이의 관계는 다음을 만족한다.

$$N(0)\,\mathbb{E}^N(V(T)/N(T)) = M(0)\,\mathbb{E}^M(V(T)/M(T)) \tag{B.2}$$

일반적으로 무위험 이자율의 예금 $M(t) = e^{rt}$을 계산화폐로 사용하는 것을 위험 중립 세상이라고 하고, 이때의 마팅게일 측도를 위험 중립 확률이라고 한다.

연속 배당률이 q이고 주가가 $S(t)$인 주식을 고려한다. 배당을 같은 주식에 재투자한다고 가정하면 $N(t) = S(t)e^{qt}$가 또 다른 계산화폐가 된다.[1] 가격을 평가하고자 하는 자산의 만기 수익 구조를 $V(T) = S(T)\mathbb{1}_{\{S_T > K\}}$라고 하면 식 (B.2)에 대입해 다음을 얻는다.

$$\begin{aligned} e^{-rT}\,\widetilde{\mathbb{E}}\left(S(T)\mathbb{1}_{\{S_T > K\}}\right) &= S(0)e^{-qT}\,\mathbb{E}^S\left(\mathbb{1}_{\{S_T > K\}}\right) \\ &= S(0)e^{-qT}\,\mathbb{P}^S(S_T > K) \end{aligned} \tag{B.3}$$

위의 확률을 구체적으로 계산하려면 S-계산화폐하에서 주가의 거동을 구

---

1. 엄밀하게는 계산화폐가 $S(t)\,e^{qt}$이지만 편의상 $S(t)$-계산화폐라고 표현한다.

해야 한다. 주의할 것은 식 (10.4)는 위험 중립 세상에서의 거동이다. 그
리고 은행 예금 $M(t) = e^{rt}$는 랜덤 워크를 가지지 않기 때문에 계산화폐
와 관계없이 다음의 거동을 가진다.

$$dM/M = r\,dt \tag{B.4}$$

거사노프 정리$^{\text{Girsanov Theorem}}$에서 측도 변화에서 변동성은 불변이고 추세율
$^{\text{drift rate}}$만이 바뀌므로 S의 거동을 다음과 같이 표현할 수 있다.

$$dS/S = \alpha\,dt + \sigma\,dZ \tag{B.5}$$

여기에서 Z는 다른 위너 확률 과정$^{\text{Wiener stochastic process}}$이고, α는 아직 결
정하지 못한 값이다. 이제 금융의 기본 정리에서 $M(t)/S(t)e^{qt}$가 마팅게
일임을 이용한다. 이토의 보조정리$^{\text{Itó lemma}}$에서 다음의 식을 유도할 수 있
다.

$$\begin{aligned} d(M/Se^{qt}) &= dM/M - q\,dt - dS/S + (dS/S)^2 \\ &= (r - q - \alpha + \sigma^2)\,dt + \text{RW} \end{aligned} \tag{B.6}$$

여기에서 RW는 랜덤 워크를 의미한다. $M(t)/S(t)e^{qt}$가 마팅게일이 되
려면 랜덤 워크의 항만 존재하므로 $\alpha = r + \sigma^2$임을 알 수 있다. 다시
정리하면 $S(t)$는 다음의 거동을 만족한다.

$$dS/S = (r - q + \sigma^2)\,dt + \sigma\,dZ \tag{B.7}$$

참고로 계산화폐가 S_1일 때 또 다른 하나의 주가 $\widehat{S}$ 거동을 고려한다.

$$d\widehat{S}/\widehat{S} = \beta\,dt + \widehat{\sigma}\,d\widehat{Z}, \quad \langle dZ, d\widehat{Z}\rangle = \rho\,dt \tag{B.8}$$

이제 S-계산화폐에서 $\widehat{S}(t)e^{\widehat{q}t}/S(t)e^{qt}$가 마팅게일이 되는 것을 이용해 β

를 결정한다. 다음에 주의하자.

$$\frac{d(\widehat{S}e^{\widehat{q}t}/Se^{qt})}{\widehat{S}e^{\widehat{q}t}/Se^{qt}} = (\widehat{q}-q)dt + \frac{d\widehat{S}}{\widehat{S}} - \frac{dS}{S} - \left(\frac{d\widehat{S}}{\widehat{S}}\right)\left(\frac{dS}{S}\right) + \left(\frac{dS}{S}\right)^2$$

$$= (\widehat{q} - q + \beta - r + q - \sigma^2 - \rho\sigma\widehat{\sigma} + \sigma^2)\,dt + \mathsf{RW}$$

$$\tag{B.9}$$

마팅게일이라는 조건에서 dt의 계수는 0이 돼야 해 $\beta = r - \widehat{q} + \rho\sigma\widehat{\sigma}$이어야 한다.

마지막으로 S-계산화폐에서 주가가 내재가로 끝날 확률 $\mathbb{P}^S(S_T > K)$를 계산한다. 식 (B.7)의 해는 다음과 같다.

$$\log S(T) = \log S(0) + (r - q + \sigma^2/2)T + \sigma\sqrt{T}\,Y \tag{B.10}$$

여기에서 $Y \sim N(0,1)$는 표준 정규 분포를 따르는 확률 변수다. $S(T) > K$이기 위해 다음을 만족해야 한다.

$$-\sigma\sqrt{T}\,Y < \log S(0)/K + (r - q + \sigma^2/2)\,T$$

$$= \log F/K + \sigma^2/2\,T \tag{B.11}$$

즉 정리하면 다음을 만족한다.

$$-Y < d_1 \tag{B.12}$$

여기에서 d_1은 식 (10.10)과 같다. 표준 정규 분포가 식 (B.12)을 만족할 확률은 $N(d_1)$임을 주의하면 최종적으로 다음을 얻는다.

$$\mathbb{P}^S(S_T > K) = N(d_1) \tag{B.13}$$

많이 알려져 있는 위험 중립 세상에서 주가가 내가격으로 종료할 확률과 차이가 나는 것에 주의하자.

$$\widetilde{\mathbb{P}}(S_T > K) = N(d_2) \tag{B.14}$$

이 값은 위험 중립 세계에서의 주가의 거동인 식 (10.4)를 이용해 위의 계
산을 반복하면 구할 수 있다.

C 최저 성과가 기초자산인 옵션 평가

2개 주식의 성과 (S_1, S_2)의 최저 성과에 대한 콜옵션은 만기 시점(T)에
다음의 수익구조를 가진다.

$$\{\min(S_1(T), S_2(T)) - K\}^+ \tag{C.1}$$

위험 중립 평가를 이용하면 콜옵션의 가격 $\text{CW}(t)$는 다음과 같다.

$$\text{CW}(0) = e^{-rT}\widetilde{\mathbb{E}}\left[\{\min(S_1(T), S_2(T)) - K\}^+\right] \tag{C.2}$$

특성 함수를 이용해 식 (C.1)을 다음과 같이 바꿔 표현한다.

$$
\begin{aligned}
\{\min(S_1(T), S_2(T)) - K\}^+ = {} & S_1(T)\,\mathbb{1}_{S_1(T)<S_2(T)}\,\mathbb{1}_{S_1(T)>K} \\
& + S_2(T)\,\mathbb{1}_{S_2(T)<S_1(T)}\,\mathbb{1}_{S_2(T)>K} \\
& - K\,\mathbb{1}_{S_1(T)>K}\,\mathbb{1}_{S_2(T)>K}
\end{aligned}
\tag{C.3}
$$

위의 우변에 있는 각각의 항에 대해 계산화폐의 변환을 이용해 다음의 관
계식을 얻는다.

$$
\begin{aligned}
e^{-rT}\widetilde{\mathbb{E}}&\left[S_1(T)\,\mathbb{1}_{S_1(T)<S_2(T)}\,\mathbb{1}_{S_1(T)>K}\right] \\
&= S_1(0)e^{-q_1 T}\,\mathbb{P}^{S_1}\left[S_1(T) < S_2(T), S_1(T) > K\right] \tag{C.4}
\end{aligned}
$$

$$e^{-rT}\widetilde{\mathbb{E}}\left[S_2(T)\,\mathbb{1}_{S_2(T)<S_1(T)}\,\mathbb{1}_{S_2(T)>K}\right]$$

$$= S_2(0)e^{-q_2 T}\,\mathbb{P}^{S_2}\left[S_2(T) < S_1(T),\, S_2(T) > K\right] \quad \text{(C.5)}$$

$$e^{-rT}\widetilde{\mathbb{E}}\left[K\,\mathbb{1}_{S_1(T)>K}\,\mathbb{1}_{S_2(T)>K}\right]$$

$$= Ke^{-rT}\,\widetilde{\mathbb{P}}\left[S_1(T) > K,\, S_2(T) > K\right] \quad \text{(C.6)}$$

이제 각각의 확률을 계산하기 이전에 주가의 거동에 대해 가정한다. 위험 중립 세상에서 다음의 GBM을 따르는 거동을 가정한다.

$$dS_1/S_1 = (r - q_1)\,dt + \sigma_1\,dW_1$$

$$dS_2/S_2 = (r - q_2)\,dt + \sigma_2\,dW_2 \quad \text{(C.7)}$$

$$d\langle dW_1,\, dW_2\rangle = \rho\,dt$$

계산화폐가 S_1인 경우에 S_2/S_1이 마팅게일이 되는 것에 주의해 부록 B 에서 계산했듯이 아래의 주가의 거동을 구할 수 있다.

$$dS_1/S_1 = (r - q_1 + \sigma_1^2)\,dt + \sigma_1\,dW_1$$

$$dS_2/S_2 = (r - q_2 + \rho\sigma_1\sigma_2)\,dt + \sigma_2\,dW_2 \quad \text{(C.8)}$$

비슷한 방법으로 계산화폐가 S_2인 경우에도 주가의 거동을 구할 수 있다.

$$dS_1/S_1 = (r - q_1 + \rho\sigma_1\sigma_2)\,dt + \sigma_1\,dW_1$$

$$dS_2/S_2 = (r - q_2 + \sigma_2^2)\,dt + \sigma_2\,dW_2 \quad \text{(C.9)}$$

우선 식 (C.4)의 우변에 있는 확률을 계산할 것이다. 계산화폐가 S_1인 경우의 확률이므로 식 (C.8)을 이용하면 T 시점의 주가를 알 수 있다.

$$\log S_1(T) = \log F_1(T) + \sigma_1^2 T/2 + \sigma_1\sqrt{T}\,Y_1$$

$$\log S_2(T) = \log F_2(T) + (\rho\sigma_1\sigma_2 - \sigma_2^2/2)T + \sigma_2\sqrt{T}\,Y_2 \quad \text{(C.10)}$$

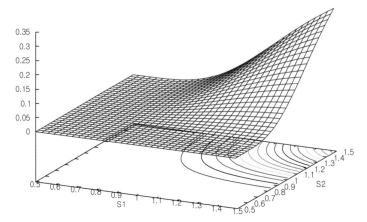

그림 C.1 $K = 1$, $r = 0$, $q_1 = q_2 = 0$, $T = 1$, $\sigma_1 = \sigma_2 = 0.2$, $\rho = 0$일 때 최저 성과의 콜옵션 그래프

여기에서 $Y_1, Y_2 \sim N(0, 1)$의 확률 변수이며 $\text{correl}(Y_1, Y_2) = \rho$이다. $S_1(T) < S_2(T)$와 $S_1(T) > K$인 조건을 정리하면 아래와 같다.

$$\begin{aligned} -\frac{\sigma_2 Y_2 - \sigma_1 Y_1}{\Sigma} &< \frac{\log(F_2(T)/F_1(T)) - \Sigma^2 T/2}{\Sigma\sqrt{T}} \\ -Y_1 &< \frac{\log(F_1(T)/K) + \sigma_1^2 T/2}{\sigma_1 \sqrt{T}} \end{aligned} \tag{C.11}$$

여기에서 $\Sigma^2 = (\sigma_1^2 - 2\rho\sigma_1\sigma_2 + \sigma_2^2)^2$이다. 아래와 같은 보조식들을 도입한다.

$$\begin{aligned} D_{22} &= \frac{\log(F_1(T)/F_2(T)) + \Sigma^2 T/2}{\Sigma\sqrt{T}} \\ d_{11} &= \frac{\log(F_1(T)/K) + \sigma_1^2 T/2}{\sigma_1 \sqrt{T}} \\ y_1 &= -\frac{\sigma_2 Y_2 - \sigma_1 Y_1}{\Sigma}, \qquad y_2 = -Y_1 \end{aligned} \tag{C.12}$$

주의할 것은 $y_1, y_2 \sim N(0, 1)$이며 y_1과 y_2의 상관 계수는 $\text{correl}(y_1, y_2) = -\rho_1$이며 정의는 다음과 같다.

$$\rho_1 = \frac{\sigma_1 - \rho\sigma_2}{\Sigma} \tag{C.13}$$

식 (C.11)이 다음으로 변형된다.

$$y_1 < D_{22}, \quad y_2 < d_{11} \tag{C.14}$$

이변량 정규 분포$^{\text{bivariate normal distribution}}$의 누적 함수는 다음으로 주어진다.

$$
\begin{aligned}
M(\xi, \eta; \rho) &= \mathbb{P}(X < \xi, Y < \eta) \\
&= \frac{1}{2\pi\sqrt{1-\rho^2}} \int_{-\infty}^{\xi} \int_{-\infty}^{\eta} \exp\left[-\frac{x^2 - 2\rho xy + y^2}{2(1-\rho^2)}\right] dxdy
\end{aligned}
\tag{C.15}
$$

위의 정의로부터 구하고자 하는 확률이 다음으로 표현할 수 있음을 알 수 있다.

$$\mathbb{P}^{S_1}[S_1(T) < S_2(T), \, S_1(T) > K] = M(D_{22}, d_{11}; -\rho_1) \tag{C.16}$$

식 (C.5)와 식 (C.6)의 우변에 있는 확률도 위의 계산을 비슷한 방법으로 반복하면 구할 수 있다.

$$\mathbb{P}^{S_2}[S_2(T) < S_1(T), \, S_2(T) > K] = M(D_{12}, d_{21}; -\rho_2) \tag{C.17a}$$

$$\widetilde{\mathbb{P}}[S_1(T) > K, \, S_2(T) > K] = M(d_{12}, d_{22}; \rho) \tag{C.17b}$$

$$\rho_2 = \frac{\sigma_2 - \rho\sigma_1}{\Sigma} \tag{C.17c}$$

$$D_{12} = \frac{\log(F_1(T)/F_2(T)) - \Sigma^2 T/2}{\Sigma\sqrt{T}} \tag{C.17d}$$

$$d_{21} = \frac{\log(F_2(T)/K) + \sigma_2^2 T/2}{\sigma_2\sqrt{T}} \tag{C.17e}$$

$$d_{i,2} = \frac{\log(F_i(T)/K) - \sigma_i^2 T/2}{\sigma_i\sqrt{T}} \tag{C.17f}$$

모두 정리해 최저 성과 콜옵션 가격을 구한다.

$$\text{CW}(0) = S_1(0)e^{-q_1 T} M(D_{22}, d_{11}; -\rho_1)$$
$$+ S_2(0)e^{-q_2 T} M(D_{12}, d_{21}; -\rho_2) + e^{-rT} M(d_{12}, d_{22}; \rho)$$
$$\text{(C.18)}$$

그림 C.1에 최저 성과 콜옵션 가격의 그래프를 나타냈다.

다음으로 최저 성과를 기초자산으로 하는 풋옵션을 고려한다. 만기 수익 구조는 아래와 같다.

$$\{K - \min(S_1(T), S_2(T))\}^+ \qquad \text{(C.19)}$$

콜옵션에 대한 가격을 계산하는 위의 과정을 반복하면 풋옵션에 대한 가격 또한 구할 수 있다. 그러나 여기에서는 최저 성과에 대한 풋-콜 패리티 put-call parity를 사용한다. 만기 T 시점에 아래의 관계를 만족하는 것에 주의하자.

$$\{\min(S_1(T), S_2(T)) - K\}^+ - \{K - \min(S_1(T), S_2(T))\}^+$$
$$= \min(S_1(T), S_2(T)) - K \quad \text{(C.20)}$$

위의 식의 각각은 콜옵션, 풋옵션, 선도 가격의 만기 수익, 현금 K를 의미한다. 양변에 위험 중립 세계에서 평균을 구한 후에 현재가로 할인해 풋옵션의 가격을 구한다.

$$\text{PW}(0) = \text{CW}(0) - (\text{FW}(0, T) - K)\, e^{-rT} \qquad \text{(C.21)}$$

마지막으로 다음의 만기 수익 구조를 갖는 디지털 옵션을 고려한다.

$$\mathbb{1}_{\min(S_1(T), S_2(T)) > K} \qquad \text{(C.22)}$$

이는 식 (C.17b)으로부터 가격을 계산할 수 있다.

$$
\begin{aligned}
\mathrm{DW}(0) &= e^{-rT}\,\mathbb{E}\left[\mathbb{1}_{\min(S_1(T),S_2(T))>K}\right] \\
&= \widetilde{\mathbb{P}}\left[S_1(T) > K, S_2(T) > K\right] \\
&= e^{-rT}\,M(d_{12}, d_{22}; \rho)
\end{aligned}
\tag{C.23}
$$

D 분산 스와프의 정적 복제

행사가 K에 따라 $\phi(K)$의 수량을 갖는 바닐라 옵션의 포트폴리오 Π를 고려한다.

$$
\Pi = \int_0^\infty \phi(K) f(S, K)\, dK
\tag{D.1}
$$

여기에서 $f(S, K)$는 OTM의 콜 또는 풋옵션을 의미한다. 포트폴리오 Π 의 $\mathcal{V}$가 주가 S에 무관하도록 $\phi(K)$를 결정하고자 한다. 바닐라 콜 옵션과 풋옵션은 같은 형태의 베가를 가지므로 포트폴리오 Π의 베가가 아래와 같이 표현된다.

$$
\frac{\partial \mathcal{V}_\Pi}{\partial S} = \int_0^\infty \phi(K) \frac{\partial \mathcal{V}}{\partial S}\, dK
\tag{D.2}
$$

바닐라 옵션의 가격이 아래의 관계식을 만족하는 것을 이용하면

$$
f = S\frac{\partial f}{\partial S} + K\frac{\partial f}{\partial K}
\tag{D.3}
$$

다음의 베가에 관한 관계식을 구할 수 있다.

$$
\mathcal{V} = S\frac{\partial \mathcal{V}}{\partial S} + K\frac{\partial \mathcal{V}}{\partial K}
\tag{D.4}
$$

이 식을 식 (D.2)에 대입한 후에 부분 적분을 이용하면 다음의 관계식을 구할 수 있다.

$$\frac{\partial \mathcal{V}_\Pi}{\partial S} = \int_0^\infty \frac{\phi(K)}{S} \left(\mathcal{V} - K \frac{\partial \mathcal{V}}{\partial K} \right) dK \tag{D.5}$$

$$= \frac{1}{S} \int_0^\infty \phi(K) \mathcal{V} \, dK + \frac{1}{S} \int_0^\infty \frac{\partial}{\partial K} \left(K\phi(K) \right) \mathcal{V} \, dK \tag{D.6}$$

베가가 주가 S에 무관하기 위해서는 이 식이 0이 돼야 하므로

$$\phi(K) + \frac{\partial}{\partial K} \left(K\phi(K) \right) = 0 \tag{D.7}$$

을 만족해야 하고 미분 방정식을 풀면

$$\phi(K) = c_1 / K^2 \tag{D.8}$$

임을 알 수 있다.

E 선도 분산의 계산

분산 스와프의 공정가를 계산하기 위해서는 선도 분산을 계산해야 한다. 위험 중립 평가에서 일반적인 주가 모형을 가정하면 다음과 같다.

$$\frac{dS}{S} = r \, dt + \sigma \, dZ \tag{E.1}$$

여기에서 σ를 블랙-숄즈 모형인 상수라 가정할 필요가 없고, 확률 과정이라고 가정해도 상관없다. T시점의 선도 분산은 아래의 식으로 근사할 수 있다.

$$\sigma_F^2 = \mathbb{E} \left(\frac{1}{T} \int_0^T \sigma^2 \, dt \right) \tag{E.2}$$

이토의 보조정리에서 다음을 구할 수 있다.

$$d(\log S) = (r - \sigma^2/2)\,dt + \sigma\,dZ \tag{E.3}$$

위의 식에 대입하면 아래를 얻는다.

$$\frac{1}{T}\int_0^T \sigma^2\,dt = \frac{2}{T}\int_0^T \frac{dS}{S} - \frac{2}{T}\log\frac{S_T}{S_0} \tag{E.4}$$

여기에서 우변의 앞의 항은 주가에 따라서 동적으로 리밸런싱되는 주식 포트폴리오를 의미하고, 뒤의 항은 로그 계약을 의미한다. 로그 계약을 바닐라 옵션으로 분해하고자 다음의 식이 만기에 성립하는 것을 주의한다.

$$\log\frac{S_T}{S_0} = \log\frac{S_T}{S_*} + \log\frac{S_*}{S_0} \tag{E.5}$$

$$\log\frac{S_T}{S_*} = \frac{S_T - S_*}{S_*}$$
$$- \int_0^{S_*} \frac{1}{K^2}\max(K - S_T, 0)\,dK \tag{E.6}$$
$$- \int_{S_*}^{\infty} \frac{1}{K^2}\max(S_T - K, 0)\,dK$$

식 (E.6)을 수학적으로 엄밀하게 유도하는 것은 Carr and Madan(1998)에서 설명돼 있다.

무차익 거래 원리와 위험 중립 평가를 고려하면 선도 분산은 다음과 같은 식으로 표현된다.

$$\sigma_F^2 = 2r - \frac{2}{T}\left(\frac{S_0}{S_*}e^{rT} - 1\right) - \frac{2}{T}\log\frac{S_*}{S_0}$$
$$+ \frac{2e^{rT}}{T}\left(\int_0^{S_*} \frac{\mathsf{P}(K)}{K^2}\,dK + \int_{S_*}^{\infty} \frac{\mathsf{C}(K)}{K^2}\,dK\right) \tag{E.7}$$

여기에서 $\mathsf{C}(K)$와 $\mathsf{P}(K)$는 행사가 K의 콜옵션과 풋옵션의 가격을 나타낸다.

$m = K/(Se^{rT})$를 머니니스라고 하고 옵션 가격 $\mathsf{C}(S,K)$와 $\mathsf{P}(S,K)$

가 S, K에 대해 동형^{homogeneous}임을 고려하면 아래와 같이 표현할 수 있다.

$$\mathsf{C}(S, K) = Se^{rT}\tilde{c}(m), \qquad \mathsf{P}(S, K) = Se^{rT}\tilde{p}(m) \tag{E.8}$$

임의의 K_*를 이용해 S_0와 S_*의 머니니스를 m_0와 m_*로 나타내면 선도 분산은 머니니스의 함수로 표현된다.

$$\begin{aligned}
\sigma_F^2 = {} & 2r - \frac{2}{T}\left(\frac{m_*}{m_0}e^{rT} - 1\right) - \frac{2}{T}\log\frac{m_0}{m_*} \\
& + \frac{2e^{rT}}{T}\left(\int_0^{m_*}\frac{\tilde{p}(m)}{m^2}\,dm + \int_{m_*}^{\infty}\frac{\tilde{c}(m)}{m^2}\,dm\right)
\end{aligned} \tag{E.9}$$

F BV 조정

이산 배당이 있는 옵션의 가격을 배당이 없는 옵션의 가격으로 표현하고자 한다. t_1 시점에 이산 배당 D가 발생하는 경우에 아래와 같이 변수 변환을 한다.

$$\begin{aligned}
\mathsf{C}(t, S, K) &= \widehat{\mathsf{C}}(t, \widehat{S}, \widehat{K}) \\
\widehat{S} &= S - f(t)\,D\,e^{-r(t_1-t)} \\
\widehat{K} &= K + (1 - f(t))\,D\,e^{r(T-t_1)}
\end{aligned} \tag{F.1}$$

여기에서 $f(t)$는 결정해야 하는 미지의 함수다. 미분의 연쇄 법칙에 의해 유도되는 아래의 관계식을 유의하면

$$\frac{\partial \mathsf{C}}{\partial t} = \frac{\partial \widehat{\mathsf{C}}}{\partial t} - (f' + rf)\,D\,e^{-r(t_1-t)}\,\frac{\partial \widehat{\mathsf{C}}}{\partial \widehat{S}} - f'\,D\,e^{r(T-t_1)}\,\frac{\partial \widehat{\mathsf{C}}}{\partial \widehat{K}} \tag{F.2}$$

블랙-숄즈의 방정식을 새로운 변수로 변환할 수 있다.

$$\frac{\partial \widehat{C}}{\partial t} - (f' + rf) D e^{-r(t_1-t)} \frac{\partial \widehat{C}}{\partial \widehat{S}} - f' D e^{r(T-t_1)} \frac{\partial \widehat{C}}{\partial \widehat{K}}$$
$$+ r \left(\widehat{S} + f D e^{-r(t_1-t)} \right) \frac{\partial \widehat{C}}{\partial \widehat{S}} + \frac{\sigma^2}{2} \left(\widehat{S} + f D e^{-r(t_1-t)} \right)^2 \frac{\partial^2 \widehat{C}}{\partial \widehat{S}^2} = r\widehat{C}$$

$$\text{(F.3)}$$

$\widehat{C}$ 또한 $(t, \widehat{S})$ 영역에서 블랙-숄즈 방정식을 만족하고 이를 고려하면 아래의 식을 구한다. 이제부터는 가독성을 위해 $\widehat{}$을 생략한다.

$$D \left(\frac{\partial C}{\partial S} + e^{r(T-t)} \frac{\partial C}{\partial K} \right) f'(t)$$
$$= \sigma^2 f D \left(S + \frac{f}{2} D e^{-r(t_1-t)} \right) \frac{\partial^2 C}{\partial S^2}$$

$$\text{(F.4)}$$

$D \ll 1$인 경우에 D에 대한 고차항을 무시하면 아래의 식이 유도된다.

$$\left(\frac{\partial C}{\partial S} + e^{r(T-t)} \frac{\partial C}{\partial K} \right) f'(t) = \sigma^2 S \frac{\partial^2 C}{\partial S^2} f(t) \qquad \text{(F.5)}$$

콜옵션의 블랙-숄즈의 옵션 공식에서

$$\frac{\partial C}{\partial S} = N(d_1), \qquad\qquad \frac{\partial C}{\partial K} = e^{-r(T-t)} N(d_2)$$

$$N(x) = \frac{1}{\sqrt{2\pi}} \int_0^x e^{-\xi^2/2} \, d\xi$$
$$d_1 = \frac{\log(S/K) + (r + \sigma^2/2)(T - t)}{\sigma\sqrt{T - t}},$$
$$d_2 = d_1 - \sigma\sqrt{T - t}$$

$$\text{(F.6)}$$

임을 이용하면 아래의 관계식을 구할 수 있다.

$$\frac{\partial C}{\partial S} + e^{r(T-t)} \frac{\partial C}{\partial K} = N(d_1) - N(d_2) = \frac{1}{\sqrt{2\pi}} \int_{d_2}^{d_1} e^{-\xi^2/2} \, d\xi$$
$$\approx \frac{1}{\sqrt{2\pi}} e^{-d_1^2/2} (d_1 - d_2) = S \frac{\partial^2 C}{\partial S^2} \sigma^2 (T - t)$$

$$\text{(F.7)}$$

여기에서 $\sigma\sqrt{T-t} \ll 1$을 이용해 근사했다. 위의 관계식은 풋옵션의 경우에도 만족하는 것을 알 수 있다. 식 (F.5)와 비교하며 $f(t)$에 관한 미분방정식을 얻게 된다.

$$\frac{f'(t)}{f(t)} = \frac{1}{T-t} \tag{F.8}$$

$f(t = t_1) = 1$인 경계 조건을 사용해 위의 방정식의 해를 구하면 다음과 같다.

$$f(t) = \frac{T - t_1}{T - t} \tag{F.9}$$

G $\mathbb{E}(S^4\Gamma^2)$의 계산

Derman은 식(9.10)과 식(9.10)의 유도 과정을 생략했다. 금리의 영향을 무시하고 옵션이 ATM ($S_0 = K$)인 경우에 식(9.10)을 유도하겠다. $t = 0$ 시점의 값을 하첨자 0으로 표기하고 주가 경로가 상수 변동성 σ를 갖는 GBM을 따른다고 가정하면 다음을 얻는다.

$$S = S_0 e^{-\sigma^2 t/2 + \sigma\sqrt{t}Y} \tag{G.1}$$

여기에서 Y는 표준 정규 분포를 따른 랜덤 변수다. 만기가 T이고 행사가가 $K(= S_0)$인 바닐라 콜옵션에 대한 블랙-숄즈 해의 감마는 다음이다.

$$\Gamma = \frac{1}{\sqrt{2\pi}} \frac{1}{\sigma S \sqrt{\tau}} e^{-d^2/2}$$

$$d = \frac{\log(S/K) + \sigma^2\tau/2}{\sigma\sqrt{\tau}} \tag{G.2}$$

$$\tau = T - t$$

$d_0 = \sigma\sqrt{T}/2$임을 이용해 d를 다음과 같이 표현할 수 있다.

$$d = d_0 + \alpha + \beta Y$$

$$\alpha = \frac{\sigma}{2}\left(\sqrt{\tau} - \sqrt{T} - \frac{t}{\sqrt{\tau}}\right), \qquad \beta = \sqrt{\frac{t}{\tau}} \tag{G.3}$$

그러므로

$$S^4\Gamma^2 = \frac{1}{2\pi}\frac{S^2}{\sigma^2\tau}e^{-d^2} = \frac{1}{2\pi}\frac{S^2}{\sigma^2\tau}e^{-q_0 - q_1 Y - q_2 Y^2} \tag{G.4}$$

$$q_0 = (d_0 + \alpha)^2 + \sigma^2 t, \quad q_1 = -2\sigma\sqrt{t} + 2(d_0 + \alpha)\beta, \quad q_2 = \beta^2$$

Y가 표준 정규 분포를 만족할 때 아래의 식을 유도할 수 있다.

$$\mathbb{E}\left[e^{-q_1 Y - q_2 Y^2}\right] = \frac{1}{\sqrt{1 + 2q_2}}e^{q_1^2/2(1+2q_2)}, \qquad q_2 > 0 \tag{G.5}$$

위의 식과 Γ_0의 값에 유념하면 다음의 식을 얻는다.

$$\mathbb{E}\left(S^4\Gamma^2\right) = S_0^4\Gamma_0^2\sqrt{\frac{T^2}{T^2 - t^2}}\exp(E) \tag{G.6}$$

$$E = d_0^2 - q_0 + q_1^2/2(1 + 2q_2)$$

$\tau \to 0$일 때 α와 β가 발산하지만 서로 상쇄돼서 E의 값은 발산하지 않는다. 대수적으로 E의 값을 계산하는 것은 복잡해 일반적인 σ의 값에 대해 수치적인 방법으로 $E \approx 0$임을 확인했다. $\exp(E) \approx 1$으로 근사하면 최종적으로 식(9.10)을 구할 수 있다. Sepp(2013)에서는 다른 방식의 근사법을 사용했다.

H 거래 시간이 다른 경우의 헤지 오차

2개의 주식 S_1과 S_2를 기초자산으로 하는 옵션을 고려하자. S_1과 S_2는 거래 시장이 멀어서 동시에 거래를 하지 못하는 경우를 고려하겠다.[2] 계산의 편의를 위해 주가는 모든 시간 t에 대해 정의돼 있지만, S_1은 t_i ($i = 1, 3, 5, \cdots$), S_2는 t_i ($i = 0, 2, 4, \cdots$)에만 주가가 공개되고 거래 가능하다고 가정한다. 그리고 $t_{i+1} - t_i = \delta t/2$이다.

트레이더의 포트폴리오는 다음과 같이 주어진다.

$$\Pi = -f + \Delta_1 S_1 + \Delta_2 S_2 \tag{H.1}$$

t_1시점에서 t_3시점까지의 포트폴리오의 변화를 계산해 보자(변수의 시점을 구체적으로 표기하고자 시간 변수를 괄호 안에 명시적으로 표기했다).

$$
\begin{aligned}
\Pi(t_2) - \Pi(t_1) = & - f(t_2) + \Delta_1(t_1)S_1(t_2) + \Delta_2(t_0)S_2(t_0) \\
& - f(t_1) + \Delta_1(t_1)S_1(t_1) + \Delta_2(t_0)S_2(t_1) \\
\Pi(t_3) - \Pi(t_2) = & - f(t_3) + \Delta_1(t_1)S_1(t_3) + \Delta_2(t_2)S_2(t_3) \\
& - f(t_2) + \Delta_1(t_1)S_1(t_2) + \Delta_2(t_2)S_2(t_2)
\end{aligned}
\tag{H.2}
$$

그러므로

$$
\begin{aligned}
\Pi(t_3) - \Pi(t_1) = & -f(t_3) + f(t_1) + \Delta_1(t_1)\left[S_1(t_3) - S_2(t_1)\right] \\
& + \Delta_2(t_2)\left[S_2(t_3) - S_2(t_2)\right] + \Delta_2(t_0)\left[S_2(t_2) - S_2(t_1)\right]
\end{aligned}
\tag{H.3}
$$

$t_3 - t_1 = \delta t$이고 $t_2 - t_1 = \delta t/2$에 주의해 $t = t_2$ 시점을 기준으로 테일러

---

2. 홍콩의 HSCEI와 유럽의 SX5E를 대상으로 하고 있다.

급수를 전개한다.

$$\Pi(t_3) - \Pi(t_1) = -\Theta\delta t - \frac{1}{2}\Gamma_{11}(\delta S_1)^2 - \Gamma_{12}(\delta S_1)(\delta S_2) - \frac{1}{2}\Gamma_{22}(\delta S_2)^2$$

$$+ \left\{ \begin{array}{l} \Delta_1(t_1, S_1(t_1), S_2(t_0)) \\ \\ - \Delta_1(t_1, S_1(t_1), S_2(t_1)) \end{array} \right\} [S_1(t_3) - S_1(t_1)]$$

$$+ \left\{ \begin{array}{l} \Delta_2(t_2, S_1(t_1), S_2(t_2)) \\ \\ - \Delta_2(t_1, S_1(t_1), S_2(t_1)) \end{array} \right\} [S_2(t_3) - S_2(t_2)]$$

$$+ \left\{ \begin{array}{l} \Delta_2(t_0, S_1(t_{-1}), S_2(t_0)) \\ \\ - \Delta_2(t_1, S_1(t_1), S_2(t_1)) \end{array} \right\} [S_2(t_2) - S_2(t_1)]$$

$$(\text{H.4})$$

식 (H.4)의 우변의 첫 번째 라인의 항들은 동시에 거래 가능할 때 발생하는 이산 헤지의 오차를 의미한다. 나머지 3개의 라인에 있는 항들이 동시에 거래하지 못함에 발생하는 델타의 불일치에서 발생하는 오차다.

$$1^{st} \text{ line} = -\Gamma_{12}(S_2(t_1) - S_2(t_0))[S_1(t_3) - S_1(t_1)]$$

$$2^{nd} \text{ line} = \left\{ \begin{array}{l} \dfrac{\partial \Delta_1}{\partial t}\dfrac{\delta t}{2} + \\ \\ \Gamma_{22}(S_2(t_2) - S_2(t_1)) \end{array} \right\} [S_2(t_3) - S_2(t_2)]$$

$$(\text{H.5})$$

$$3^{rd} \text{ line} = \left\{ \begin{array}{l} -\dfrac{\partial \Delta_1}{\partial t}\dfrac{\delta t}{2} \\ \\ -\Gamma_{12}(S_1(t_1) - S_1(t_{-1})) \\ \\ -\Gamma_{22}(S_2(t_1) - S_2(t_0)) \end{array} \right\} [S_2(t_2) - S_2(t_1)]$$

계산의 편의를 위해 S_1은 홀수 인덱스, S_2는 짝수 인덱스 시점에만 공개된다는 사실을 이용하면 $S_2(t_1) = S_2(t_0)$, $S_2(t_3) = S_2(t_2)$이므로 식 (H.5)에서 위의 두 줄의 항은 0이 되며 세 번째 항만 0이 아닌 값을 가진

다. 그러므로 동시에 거래하지 못함으로써 발생하는 이산 헤지의 오차는
아래와 같다.

$$- \Gamma_{12}(S_1(t_1) - S_1(t_{-1}))(S_2(t_2) - S_2(t_0))$$

$$- \frac{\partial \Delta_1}{\partial t} \frac{\delta t}{2}(S_2(t_2) - S_2(t_0)) \quad \text{(H.6)}$$

식 (H.6)에서 첫 번째 항은 $O(\delta t)$이며 두 번째 항은 $O(\delta t)^{3/2}$이므로 일
반적으로 첫 번째 항이 우세하게 된다. 이는 t_1 시점에 $S_2(t_0)$의 정보를
이용해 Δ_1을 계산한 것이 시간이 지남에 따라 $S_2(t_1)$에 의해 Δ_1의 값이
변하게 되는 것을 의미한다.

▌ 낙인 풋옵션의 정적 복제

Derman(1995)에서 배리어를 갖는 이색 옵션을 바닐라(콜 또는 풋) 옵션
의 포트폴리오를 사용해 (이벤트 처리를 제외한) 정적 복제static replication에
대해 설명하고 있다. Derman의 자료에서는 일반적인 경우로 바닐라 옵
션의 연속 분포를 가정해 수식을 가정한 후에, 수치 방법을 제시했다. 여
기에서는 보다 구체적으로, ELS에 내재돼 있는 낙인 풋옵션에 대해 이산
분포의 바닐라 옵션의 포트폴리오를 고려해 수치 방법을 설명하고 결과를
제시한다.

바닐라 풋옵션의 가격을 $P(S, K, T, t)$로 표기하고, 낙인 풋옵션의 가
격을 $KIP(S, K, KI, T, t)$로 표기한다. 특별한 혼돈이 없는 경우에 혼잡을
피하고자 매개 변수를 생략해 표기하겠다.

복제를 하려는 낙인 풋옵션은 만기가 T이고 하한 배리어 KI, 행사가
K를 가진다($KI < K$를 가정). 주가가 하한 배리어인 KI를 히팅하면 낙
인 풋옵션은 같은 만기와 행사가의 바닐라 풋옵션이 된다. 그러므로 이
경우에는 $P(K, T)$를 이용하면 복제가 된다.

주가가 하한 배리어를 히팅하지 않은 경우를 고려한다. 시간 축의 구간 $[0, T]$를 등간격 δT로 구분해 격자점 $\{T_i\}_{i=0}^{N}$을 만든다. 여기에서 $T_0 = 0$, $T_N = T$이며 $N = T/\delta T$다. 만기가 T_i, 행사가가 KI인 풋옵션으로 포트폴리오를 구성한다. $\mathsf{P}_i = \mathsf{P}(T = T_i)$로 표기하면 포트폴리오는 다음과 같다.

$$\sum_{i=1}^{N} \alpha_i \mathsf{P}_i(S, K = KI, t) \tag{I.1}$$

P_0는 관심을 갖는 영역에서 항상 0의 값을 갖기에 제외했다. 옵션의 수량을 의미하는 α_i를 낙인 풋옵션의 가격을 이용해 결정해야 한다.

우선 $t = T$ 시점에서 $S = KI$에서 낙인 풋옵션은 불연속 특이점을 갖는 것에 주의한다.

$$\mathsf{KIP}(S \to KI^{+0}, t = T) = 0 \neq \max(K - KI, 0)$$
$$= \mathsf{KIP}(S = KI, t \to T^{-0}) \tag{I.2}$$

이러한 특이점은 배리어 옵션에서는 항상 나타나지만 가격에는 영향을 주지 않기 때문에 여기에서는 무시한다. 그러나 실제 헤지 운용을 할 때에는 무시할 수 없는 상황이 발생하기 때문에 오버 헤지를 이용해 보수적으로 접근하는 것이 일반적이다.

α_i들의 값을 결정하고자 주가가 하한 배리어 KI를 히팅하면 낙인 풋옵션이 바닐라 풋옵션이 된다. 이를 이용하면 모든 t에 대해 $S = KI$인 경우에 $\mathsf{KIP}(S = KI, t) = \mathsf{P}(S = KI, t)$이 된다. 그러므로 풋옵션의 포트폴리오가 낙인 풋옵션을 복제하려면 다음을 만족해야 한다.

$$\mathsf{P}(S = KI, t) = \sum_{i=1}^{N} \alpha_i \mathsf{P}_i(S = KI, K = KI, t) \tag{I.3}$$

위의 식을 격자점 $\{T_i\}_{i=0}^{N-1}$에서 평가해 후방에서부터 차례로 α_i를 결정한다. 우선 $t = T_{N-1}$인 경우를 살펴본다. $i = 1, \cdots, N - 1$인 경우에 P_i의 만기가 T_{N-1}보다 짧기 때문에 모두 0이 된다. 그러므로 α_N은 다음 식으로 결정된다.

$$P(S = KI, t = T_{N-1}) = \alpha_N P_N(S = KI, t = T_{N-1}) \tag{I.4}$$

수학적 귀납법의 단계로서 $\{\alpha_i\}_{i=n+1}^N$의 값을 결정했다고 가정한다. $t = T_{n-1}$ 시점에서 식 (I.3)이 성립하고 $\{P_i(S = KI, t = T_{n-1}\}_{i=1}^{n-1}$의 값이 0이라는 것에서 아래를 얻는다.

$$P(S = KI, t = T_{n-1}) = \sum_{i=n}^{N} \alpha_i P_i(S = KI, t = T_{n-1}) \tag{I.5}$$

가정에서 알려진 $\{\alpha_i\}_{i=n+1}^N$의 값을 이용해 α_n의 값을 결정한다.

$$\alpha_n = \frac{P(S = KI, t = T_{n-1}) - \sum_{i=n+1}^{N} \alpha_i P_i(S = KI, t = T_{n-1})}{P_n(S = KI, t = T_{n-1})}$$
$$\tag{I.6}$$

이런 방법으로 α_i를 결정한 포트폴리오 (I.1)는 주가가 하한 배리어를 히팅하지 않으면 $t = T$ 시점에서 낙인 풋옵션과 같은 수익 구조를 가진다.[3] 그리고 포트폴리오는 격자점 T_i에서 경계 조건을 만족하며 각각이 풋옵션으로 구성됐기에 블랙-숄즈 방정식을 만족한다. 블랙-숄즈 방정식의 해의 유일성으로 포트폴리오는 낙인 풋옵션의 근사식이 된다.[4]

주가가 초기에는 하한 배리어를 히팅하지 않았지만 시간이 경과함에 따라서 하한 배리어를 히팅하는 경우가 있다. 이러한 사건이 발생하는 순간, 포트폴리오를 모두 청산하고 행사가 K, 만기 T인 바닐라 풋옵션을

---

3. $S = KI$인 점을 제외하면 둘 다 0이 된다.

4. 엄밀한 해는 모든 $0 < t < T$ 시점에서 경계 조건을 만족해야 한다.

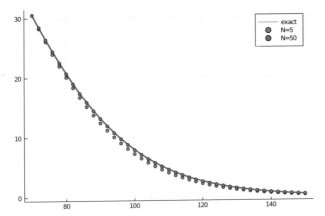

그림 I.1 $KI = 70$, $K = 100$, $T = 1$이며, $t = 0$에서 주가 S를 70에서 150까지 변경하면서 계산한 결과. 실선은 엄밀해를 이용한 결과이고, $N = 5$, $N = 50$개의 옵션의 포트폴리오를 사용한 결과를 나타냈다. $N = 5$인 경우에는 심한 오차를 볼 수 있으며 $N = 50$인 경우에는 엄밀해와 차이가 없음을 볼 수 있다.

매수한다. 식 (I.3)에서, 청산해 들어온 현금과 매수해 나가는 현금은 일치한다.[5] 그러므로 추가적인 손익이 발생하지 않고, 하한 배리어를 히팅한 경우의 정적 복제를 구축할 수 있다.

그림 I.1에서 $KI = 70$, $K = 100$, $T = 1$인 경우에 현재 주가를 변경하면서 낙인 풋옵션의 엄밀해와 복제한 포트폴리오의 가격을 비교했다. $N = 5$인 경우에는 오차가 보이지만 $N = 50$인 경우에는 엄밀해와 구별하지 못할 정도다. N이 증가함에 따라서 복제한 포트폴리오가 엄밀해에 수렴하는 것을 알 수 있다.

지금까지 낙인 풋옵션을 바닐라 옵션으로 정적 복제를 하는 경우를 살펴봤다. 이러한 방법으로 (다운앤인 콜과 같은) 다른 종류의 배리어 옵션 또한 정적 복제가 가능하다. 그리고, 이러한 복제가 유일한 복제가 아님

---

5. 현실에서는 불가능하지만 이론가를 구하려고 가정하는 마찰 없는 시장에서는 가능하다.

에 주의해야 한다. 위의 경우에는 행사가 $K = KI$인 풋옵션의 포트폴리오를 이용해 낙인 풋옵션을 복제했다. 같은 논리를 KI보다 작은 임의의 행사가를 가진 풋옵션의 포트폴리오에도 적용할 수 있다. 그러나 행사가 $K \ll KI$이면 풋옵션이 깊은 외가격이 되므로 수치적으로 매우 불안해진다. 수치 실험의 결과, 행사가 $K > 0.9KI$인 풋옵션의 포트폴리오를 이용하는 경우에는 안정적으로 복제가 가능했다.

참고문헌

1. Ahmad. R. and Wilmott. P. (2005), *Which free lunch would you like today, sir?*, WILMOTT magazine, pp. 64–79

2. Andreasen, J. and Huge, H. (2011), *Volatility interpolation*, Risk, March, pp. 76–79

3. Back, K. (2000), *A Course in Derivative Securities, Introduction to Theory and Computation*, Springer

4. Bergomi, L. (2016), *Stochastic Volatility Modeling*, Chapman & Hall/CRC

5. Black, F. and Scholes, M. (1973), *The Pricing of Options and Corporate Laibilities*, J. of Political Economy, **81**, pp. 637–654

6. Bos, M. and Vandermark, S. (2002), *Finessing fixed dividends*, Risk, **15**(9), pp. 157–158

7. Bossu, Strasser, Guichard (2005), *Just What You Need To Know About Variance Swaps*, JPMorgan Equity Derivatives report

8. Carr, Madan (1998), *Towards a Theory of Volatility Trading*, VOLATILITY, R.A. Jarrow Risk Books.

9. Chicot, H. (2019), *Measuring Cross-Gamma Risk*, available at SSRN: https://ssrn.com/abstract=3502251

10. Cox, Ross and Rubinstein (1979), *Option pricing: A simplified approach*, J. of Financial Economics, **7**, pp. 229–263

11. Demeterfi, K. (1988), *How to value and hedge options on foreign indexes*, Goldman Sachs Quantitative Strategies Research Notes

12. Demeterfi, Derman, Kamal, Zou (1999), *More Than You Ever Wanted To Know About Volatility Swaps*, Goldman Sachs Quantitative Strategies Research Notes.

13. Derman, E. (1999a), *You cannot hedge continuously. The correctons of Black-Scholes*, RISK, **12**(1), pp. 93–126

14. Derman, E. (1999b), *Regimes of Volatility*, Goldman Sachs Quantitative Strategies Research Note

15. Derman, E., Ergener, D. and Kani, I. (1995), *Static Options Replication*, Goldman Sachs Quantitative Strategies Research Note

16. Derman, E. and Kani, I. (1994), *The Volatility Smile and Its Implied Tree*, Goldman Sachs Quantitative Strategies Research Note

17. Derman, E., Kani, I. and Zou, J. (1995), *The Local Volatility Surfce, Unlocking the Information in Index Option Prices*, Goldman Sachs Quantitative Strategies Research Note

18. Derman, E., Miller, M. (2016), *The Volatility Smile*, Wiley

19. Dupire, B. (1994), *Pricing with a smile*, Risk, July, pp. 18–20

20. Duffy, D. J. (2004), *Financial Instrument Pricing using C++*, John Wiley & Sons

21. Fengler, M. R. (2005), *Semiparametric Modeling of Implied Volatility*, Springer

22. Gatheral, J. (2006), *The Volatility Surface, A Practitioner's Guide*, John Wiley & Son

23. Gatheral, J. and Jacquier, A. (2014) *Arbitrage-free SVI volatility surfaces*, Quantitative Finance, **14**:1, pp. 59–71

24. Gilbert, E. (2011), *One Thing You Did Not Know About Variance swaps*, Global Markets Implied Volatility.

25. Hagan, P., Kumar, D., Lesniewski, A and WoodWard, D. (2002), *Managing smile risk*, Wilmott magazine, **1**, pp. 84–108

26. Harrison and Pliska (1981), *Matingales and Stochastic integrals in the theory of continuous trading*, Stochastic Processes and their Application, **11**, pp. 215–260

27. Haug, E. G. (2007), *The complete guide to Option Pricing Formulas*, McGraw-Hill

28. Haug, Haug and Lewis (2003), *Back to Basics: a New Approach to the Discrete Dividend Problem*, Wilmott magazine.

29. Haykin, S. (1999), *Neural Networks, A Comprehensive Foundation*, Prentice Hall

30. Henrard. M. (2001), *Parameter risk in the Black and Scholes models*, preprint

31. Henry-Labordere, P. (2009), *Anaysis, Geometry, and Modeling in Finance: Advanced Methods in Option Pricing*, Chapman & Hall/CRC

32. Henry-Labordere, P. (2013), *Vega Decomposition of Exotics on Vanillas: A Monte-Carlo Approach*, available at SSRN: https://ssrn.com/abstract=2229990

33. Hull, J. C. (2011), *Options, Futures, and Other Derivatives*, Pearson

34. Kwok, Y.-K. (2008), *Mathematical Models of Financial Derivatives*, Springer

35. Marabel Romo, J. (2010), *Dynamics of the Implied Volatility Surface: Theory and Empirical Evidence*, Quantitative Finance, available at SSRN: https://ssrn.com/abstract=2052215

36. Musiela, M. and Rutkowski, M. (2005), *Martingale Methods in Financial Modelling*, Springer

37. Press, W. H. et al. (1992), *Numerical Recipres in C, The Art of Scientific Computing*, Cambridge University Press

38. Rebonato, R. (2004), *Volatility and Correlation, the perfect hedger and the fox*, John Wiley

39. Sepp. A. (2013), *When you hedge discretely: Optimization of Sharpe Ratio for Delta-hedging strategy under discrete hedging and transaction costs*, J. of Investment Strategies, **3**(1), pp. 19–59

40. Shreve, S. (2004), *Stochastic Calculus for Finance II: continuous-Time Models*, Springer

41. Shreve, S. (2005), *Stochastic Calculus for Finance I: The Binomial Asset Pricing Model*, Springer

42. Stulz, R. M. (1982), *Options on the Minimum or the Maximum of Two Risky Assets*, J. of Financial Economics, **10**, pp. 161–185

43. Wilmott, P. (2013), *Paul Wilmott on Quantitative Finance*, Wiley

44. Weert, F. D. (2008), *Exotic options trading*, Wiley

45. 베이르트 (2010), 옵션 운용입문, 경문사

46. 하이엄 (2011), MATLAB과 함께하는 금융수학 입문, 경문사

찾아보기

에이콘출판의 기틀을 마련하신 故 정완재 선생님 (1935-2004)

금융공학의 변동성 입문
변동성 곡면의 스큐에 관해

발 행 | 2021년 10월 28일

지은이 | 추 정 호

펴낸이 | 권 성 준
편집장 | 황 영 주
편 집 | 조 유 나
디자인 | 송 서 연

에이콘출판주식회사
서울특별시 양천구 국회대로 287 (목동)
전화 02-2653-7600, 팩스 02-2653-0433
www.acornpub.co.kr / editor@acornpub.co.kr

책값은 뒤표지에 있습니다.